重塑田园

乡村振兴战略下的新农人返乡手记

马彦伟／主编

乐施会资助出版，内容并不代表乐施会立场

商务印书馆（成都）有限责任公司出品

目录 Contents

1 序言 / 罗玉兰

5 致新农人的一封信 / 石嫣

第一章 此心安处

15 致良田：平衡于理想与现实间 / 马彦伟

28 "一墩青"：谁买了我的土豆 / 成鹏飞

35 从猕猴桃合作社到乡村社会企业 / 刘策

43 返乡，为了爸爸的苹果 / 刘阿娟

51 从农家女到电商带头人 / 张素

59 我有一个梦想：在青藏高原创造一座天堂花园 / 慕亚伦

74 家庭农场：让农田凝聚心田 / 唐亮

90 从一个农场到一个联盟 / 方永兵

第二章　上下求索

103　历尽磨难，我依然选择生态农业 / 梁峻杰

115　告别科研，新农人的生存之道 / 郑力行

125　返乡创业种植水稻的那几年 / 张帅

135　从保健品到农场：有机同盟会的诞生 / 晁代伟

143　生态农业，是事业还是生活？ / 毛世军

154　创业中的蜕变 / 陈星

165　巨额负债下的六年 / 吴龙龙

173　返乡的N种可能 / 刘彦龙

第三章　他山之石

185　果园里的生态平衡 / 李立君

195　宁夏放羊哥的个人品牌打造 / 吕立军

208　农业品牌构建的关键原则与思维 / 于建刚

215　对返乡青年从事生态农业的思考 / 郝冠辉

233　变革中的泰北克伦族精神 / 伍娇

247　日本经验：用"六次产业"再造故乡 / 陈统奎

261　韩莎琳产消融合的发展经验 / 薛宁　柏鑫玉

278　加拿大有机小农与消费者组织 / 常天乐

285　跋 / 孔繁强

序言

"十四五"时期是我国全面建成小康社会、实现第一个百年奋斗目标之后，乘势而上开启全面建设社会主义现代化国家新征程、向第二个百年奋斗目标进军的第一个五年。十九届五中全会提出，优先发展农业农村，全面推进乡村振兴。习近平总书记指出："乡村振兴，人才是关键。要积极培养本土人才，鼓励外出能人返乡创业，鼓励大学生村官扎根基层，为乡村振兴提供人才保障。"

乐施会在中国与各界携手开展减贫与发展工作已超过30载，追求实现没有贫困的"无穷世界"，并通过扎实的社区行动、持续的政策研究和倡导不断探索向前。在农村扶贫发展工作中，乐施会始终关注贫困地区农村的可持续发展，期望推动新农人这些新鲜的血液注入当地农村发展，促进贫困社区村民自身成为实现改变的主体，同时结合服务实践开展研究工作，形成研究报告和政策建议，让决策层看到新农人群体在乡村振兴过程中作为"领头雁"的重要价值。

从 2017 年开始，乐施会支持陕西纯山公益事业促进中心公开招募西北五省返乡创业的新农人，搭建西北地区新农人交流学习的平台，提升新农人自身的知识水平与能力，使其不仅自身受益，还能成为改变乡村、促进乡村可持续发展的重要力量，从而更有力地推动西北贫困地区农村的可持续发展，助力国家乡村振兴战略的实现。

新农人是近年来新出现的一个群体，是指那些有过城市学习、工作或生活经历之后，重新选择投身到农业的人群。新农人从个体来看，无论出身、能力、阅历、经历、理念、追求，都与传统意义上的农民具有较大的差异。在当下技术、市场、商业环境都发生剧变的时代，乡村振兴需要注入新农人这样的新鲜血液，来发展出一个个生机勃勃的新农村。

过去两年多以来，西北新农人项目负责人马彦伟邀请了国内在企业社会责任、生态农业理念、生态农业技术、产品包装设计、产品销售、资源对接与合作、开展社区工作等方面有丰富实务经验的专家老师，更通过导师制，邀请分享收获农场石嫣、"爸爸的苹果"刘阿娟做演讲等活动定期支持新农人学员。

除了专家和导师的辅导培训之外，来自不同区域的新农人相互交流、走访，分享经验，以及协助对接资源，将散落在不同乡村的新农人链接在一起，彼此合作同行，使每个人都可以走得更远，从而带动各自乡村的持续发展。

2019年，陕西的英杰农场联合西北新农人学习平台多名成员，共同成立陕西秦人良品生态有机农业农民专业合作社，这是全国第一家省级生态农业合作社，能促进区域内新农人小伙伴之间的相互分享与支持。西北新农人学习平台中逐渐涌现出郑力行、吴龙龙、刘策、张素等多位明星新农人，其中吴龙龙带动当地村民发展的故事更是被中央电视台《致富经》和湖南电视台《天天向上》栏目播出，激励了更多愿意回报家乡的青年学子返乡创业，带动家乡发展。

西北新农人学习平台逐渐在国内生态农友圈和消费者群体之间形成了良好的口碑，也与国内多家生态产品平台连接，让西北贫困社区的生态农产品走向了全国。

乡村振兴，人才振兴是基础和前提。习近平总书记在十九大报告中指出，要"培养造就一支懂农业、爱农村、爱农民的'三农'工作队伍"。农业部预计，至2020年，全国新型职业农民总数将超过2000万。正是这些新生力量，为实施乡村振兴战略、加快推进农业农村现代化提供了强有力的人才支撑。乐施会真诚期待有更多政策关注新农人群体，也期待与各界继续密切合作，共同探索农村的可持续发展，助力国家乡村振兴战略的实施。

罗玉兰

乐施会中国项目部 总监

乐施会（香港）北京办事处 首席代表

2022 年 1 月

致新农人的一封信

应该是两年前了,马彦伟邀请我给西北的新农人培训项目做老师,在一年内,我去了西安两次,项目的学员们还来了我的农场两天,也算和他们建立了初步的认识。

没想到这颗种子发芽了,虽然发芽很慢,也有很多让我意想不到的地方。在我们交流的过程中,他们的沉默少语,其中很多人被风吹过后黑中带红的脸庞,都给我留下了西北新农人的独特印象。

后来有一次机会,我受甘肃庆阳市委党校的邀请去讲课,讲完课突然想起西北新农人培训中有一名学员在庆阳,就跟他取得了联系。党校的老师开车带着我,大概开了两个半小时抵达新农人吴龙龙所在的村庄。

那时已是秋末,寒意渐浓,吴龙龙的农场就在这黄土高原的沟沟坎坎之中。

他喜欢皱眉,一脸严肃的样子,但笑起来很好看。他指着眼前的一道沟跟我们说:"这座沟到那边那座山,包括我们脚下的这座山都是我租的。远远的山沟里那群羊是我家的,我叔正在放。这边这些荒废的窑洞(大概有十几个),早就都没人住了,我就当猪舍、鸡舍了。好一些的窑洞,我想以后能装修装修住人。"

我说:"这么大,一年租金得多少钱?"

"30年3万块。"他平静地回复我。

我一下张大了嘴,因为这个价格在北京,也就是我的农场6个大棚一年的租金。而吴龙龙拥有这么多土地,他应该可以很好地讲讲他的故事。但是三次培训过程中,他都没跟我有太多交流,没有介绍过他的农场,也没有提出过让我们帮忙销售他的产品。

后来我也了解了一些他的农场的情况。他从北京农学院毕业后,就开始跟两三个小伙伴合伙做这个农场,虽然说当地的地租很便宜,但是他们已经为这个农场的基础条件建设投入了大几十万,而这些都变成了他们的债务。一年之后,他的合伙人纷纷离开了这座大山,现在只有家人在跟着他干。他面临的最大的挑战是，现有的产品几乎没有相应的销售渠道。

再后来，我在参与陕西秦人良品合作社成立的过程中，发现参加过西北新农人培训的吴龙龙、郑力行等几个伙伴，也都在其中积极推动，是合作社第一批社员。虽然他们各自的农场都还是困难重重，但为合作社想的已经远远超过了自己的农场。

这让我想到一句话：有时园丁比帝王有更大的梦想。

2009年，我从学校搬到几十公里外的郊区农村参与一个都市农业项目的创办。2011年博士毕业后，我带领团队正式创办了社会企业分享收获农场。从2010年开始，我们借助中国人民大学的平台和各地政府的支持，连续举办了十一届社会生态农业大会。2020年，通过组建各省的社会生态农业合作社，形成了全国社会生态农业联盟，推进合作社内部形成更适合中小型生产者的有机农业标准——参与式保障体系，与此同时，也推动了一个庞大的群体——生态"新农人"的出现。

"新农人"到底是一个怎样的群体？这个词的提出是不是代表对我们的传统农民有所质疑？随着这个概念的推出，大家对于新农人群体有了不同的解读。

2012年，我在第四届社会生态农业大会上发言提出，要化解"三农问题"，我们需要新三农：

新农业：应该采用更加可持续的生产流通方式，在获得产量的同时也更好地保护农田生态环境；

新农村：应该是一个可以让更多人安居乐业的地方，而不再是一个大家都想逃离的衰败之所；

新农夫：应该是自愿选择从事农业，而不是一种出身的身份代表；应该是采取新的理念、更环保的种植方式的一个群体，他们是生活在新农村从事新农业的这样一个群体。

后来，也有一些人将跨专业、跨行业来从事农业，特别是通过互联网来销售农产品的群体称为新农人。而本文新农人的定义主要指前者。

新农人们，我首先看到了你们改变中国乡村的梦想。因为你们在自己的成长过程中，看到儿时的亲人、小伙伴为了事业和理想都逐渐离开了乡村，只剩下老人、妇女、儿童留守；你们也看到了因为贫穷，因为缺少机遇，很多人仍然没有受良好教育的机会，而这影响了他们的一生；你们怀着让自己和家人好好上学走出乡村的梦想走进了城市的大学，苦苦求学，苦苦在城市寻求扎根，可是每次回到家乡，却看到家乡愈发衰落，你们产生了困惑：为什么我们学到这么多东西，却不能用来让生养自己的乡土变得更加美丽富饶？你们想要改变。

新农人们，我也看到了你们虽然怀抱梦想回归土地，但却面临着巨大的困难，而这些困难往往需要自己去面对，甚至很多时候连家人的支持都无法获得。你们想要改良土壤，使用有机肥，不再使用那些对环境、对人有害或者未知影响的化学品，这需要更多劳动力和精力的投入；要下雨了，大家都往家里跑，你们却要第一时间去看晒着的小麦有没有收完；半夜下大雪了，大家都在被窝里感受温暖，你们却要赶紧去看大棚的棉被，以防温棚被大雪压塌了；晚上九点，其他人都已经准备洗漱睡觉，可母牛要生产了，你们要做"助产士"，让小牛第一时间能喝上奶。你们常常与太阳、星空为伴。

而所有的这些努力，不一定能完全被市场所认知和接受。许多消费者还在追求口感和视觉上的满足，而缺乏对真正的食物的觉知。

新农人们，你们给乡村带来了很多改变，而这是长期的、潜移默化的。当你们刚回到村子里，很多人都想你们也许就是玩玩而已，干不了两年就走了。还有的人说你们傻，明明用点农药化肥就能大大增加产量，而你们偏偏坚持不用，结果使得一些蔬菜的品相大打折扣。很多人认为你们过于孤芳自赏，但是你们通过自己几年、十几年的努力，提高技术、探索市场，也找到了一批稳定的、愿意支持你们的客户群体，这些客户信任你们并愿意一同成长。你们不断提高自己产品的质量、包装设计等，也让我们农人自产的产品有了好的形象展示。你们要上知天文，下晓地理，懂得种地的同时，还要懂得如何盖大棚，如何组织活动，如何销售产品，怎样修水修电修拖拉机……

这样的坚持，让那些冷眼看待你们的人，也逐渐认可了你们的"傻"。

正是你们，让很多人看到，你们是希望通过自己的发展，带动更多老乡增加收入，过有尊严、更有质量的生活。你们也让更多人从不理解到推动政策，去支持这个群体、支持可持续的农业。

新农人们，当大部分年轻人选择留在城市，选择追赶不断变化的潮流，几个人合租几千元一个月的楼房，每天公交通勤一个多小时，点着外卖快餐饱腹的时候，你们选择了乡村的生活，选择回归生活最本质的需求。你们并非选择过一种"苦日子"，而是主动去过一种更接近自然，减少不必要的消费，不用去追赶"双十一"，却能有健康的环境和食物的生活。在村里，一两千块钱可以租一个大院子，不用交停车费，步行去工作也就十几分钟。这种生活方式从本质上来讲，对十几年前开始返乡的新农人们是需要一定的自觉和自信的，主动选择简单的生活，实际意味着你们在乡土可以得到更多的精神满足。

坚持，靠的不是所有工作的一帆风顺，靠的不是自己的个人能力有多强，靠的是内心对信仰的坚守，是不忘初心的坚韧，是对乡村振兴一定是我们这个国家民族复兴之基础的信心，需要亲身实践。

你们不只是在种地，还是在传承我们几千年的文化。拥有这样的信念，再加上一定的方法论，使得所谓"上市"等目标并不能成为衡量我们成功的标准，而坚持做，学中做，做得越来越好，才是我们事业的根本。

无论如何，新农人们，请保护好你们那颗赤子之心。

石嫣

2021年12月

人物小传

石嫣，中国人民大学农业与农村发展学院博士，清华大学人文与社会科学学院博士后，国内第一位公费去美国务农的学生，原小毛驴市民农园名誉园长。现为"分享收获"CSA项目创始人与负责人。中国社区支持农业和可持续农业的重要推动者。著有《我在美国当农民》一书。2016年3月16日，石嫣入选2016年"全球青年领袖"。

第一章

此心安处

返乡,并不只有一种选择,往往呈现出多元的状态。有的人选择拥抱梦想,有的人选择回归家庭,有的人希望做出一番事业,有的人则是为了心中的天堂……无论如何,走过这段不寻常的旅程,都需要平衡梦想与现实之间的那道裂痕。而平衡的关键点,可能又要回溯到出发的起点——此心安处是吾乡。

致良田：平衡于理想与现实间

马彦伟

一个有机农场的想法

做一个农场的想法，源自 2006 年与几位好友在夜晚乡间的一次谈话。彼时，我到阿拉善刚满一年，一直在阿拉善 SEE 生态协会（简称 SEE）工作，平时主要驻扎在项目点的村庄。

村里给我提供了一所空房子，工作之余，会有朋友偶尔过来小住两天。那天晚上，我们三个朋友不约而同地聊到 40 岁以后的梦想。大家众口一词，回答全都是"拥有一个自己的农场"。

到了 2015 年真正开始做农场的时候，我很得意：梦想居然提前实现。

除了若干年前隐隐约约的一个梦之外，做有机农场与过去这些年在阿拉善的工作和生活有关。

在命运的偶然与必然的指引下，硕士毕业前我就来到阿拉善做全职的环保工作。那时年少意气风发，很难不被阿拉善这片神奇的土地吸引，尤其是它的辽阔与包容。广袤的土地和悠远的天空，人均占地面积超过1平方公里。人与人在空间上的疏离，带来彼此在感情上的温度。

诚然，我在阿拉善享受自由与温度的同时，也要承受干燥气候带来的不适，尤其是当春天狂风扬起沙尘的时候。也许这就是爱的代价。

阿拉善境内分布着中国的三大沙漠：巴丹吉林、腾格里和乌兰布和。此外，这里还有一望无际的戈壁和正在退化的荒漠草原。荒漠化像一只紧紧抓住生态命运之喉的手，牢牢占据着阿拉善盟的绝大多数土地。这里也成为中国沙尘暴西北路径的主要通道和重要策源地。正因如此，SEE在这里成立；正因如此，我在这里安居。或许我们都逃离不开的命运之网，其背后本质是因缘果业。

阿拉善的荒漠化现象以及由此引发的沙尘暴，会让很多人第一时间想到这是因为过度放牧而导致的草原退化。但是，过去十多年我在这里参与的工作和研究表明：影响荒漠化的因素比较多元复杂，不合理的农业开发所引起的土壤退化以及过度消耗地下水也是主因之一。

对有机农业稍做研究之后，我发现可以找到一条路，既可以实现自己的农场梦，又可以探索出一个缓解阿拉善荒漠化问题的方案。国际有机农业运动联盟（IFOAM）的研究已经表明：在荒漠化地区的耕地上开展有机农业，可以起到减少土地盐碱化、增加土壤肥力、减少地下水消耗的作用，从而缓解荒漠化问题。

致良田：平衡于理想与现实间

2005年，我驻扎在项目点村庄，与村支书讨论社区情况。

腾格里沙漠有生命力的一面

而我们过去几年的实践，也证明了这些不仅仅是理论。

🚜 平衡梦想与现实

做生态农业，除了实现个人梦想、带来一定的社会和环境价值，还必须面对现实的考量：这片土地是否适合发展生态农业？适合种植什么作物？技术问题如何解决？面市的产品有哪些优势和劣势？市场在哪里？如何让别人知道并认可你的产品……

硬币有两面。一方面，阿拉善干旱少雨的气候条件，使这里成为中国荒漠化最严重的地区之一。另一方面，这样的气候环境也成为发展有机农业的优势：气候干燥、昼夜温差大，这些都可以减少病虫害的发生；白天的高温与夜晚的低温，也让农作物更容易积累糖分和营养物质，口感和味道都变得更好。

另外，阿拉善地区较短的农业开发历史，使得这片土地较少受到污染，是发展生态农业难得的一片净土。

现在，关键就是要找到适合这种气候环境的作物，而这些作物又得有一定的消费市场。这也是我们在现实中一直不断试错和学习的主要方面。

返乡七年，我最大的感悟是：要维持理想与现实的平衡。

仅有热血和理想，有时很难走得远，或者走得越远，路越难。而只有现实和妥协，可能也走不远，或者走得越远，心越累。

经常有人赞扬我们农场的名字起得好——"致良田"，这当然要感谢王

致良田：平衡于理想与现实间

清晨的致良田农场

致良田农场的航拍图

阳明的"致良知"。"良知"是说每个人心里都知道什么是对的,而"致"不仅是达到,更在于事经磨炼,见诸实际。所以知道什么是对的以后,就要努力去实现。

在阿拉善这么多年,我们的良知就是:如何把荒漠化地区逐渐退化的耕地重新变为良田,一点点试验和改进——改良土壤,节约农业用水,然后去影响更多的农户和更多的土地。

当农场经营到第七年的时候,我们实现良知的愿景和路径也终于逐渐清晰了起来:

第一个7年目标(2015—2021):在自己的农场基地探索出基本的生态农业和节水方案,并且在消费市场上存活下来。(目前这个目标已经基本实现)

第二个7年目标(2022—2028):通过与农户合作,在阿拉善至少1000亩的农业用地上,推广节水型生态农业。

第三个7年目标(2029—2035):通过输出成熟的技术方案和种植品种建议来影响本地的公司和合作社,在阿拉善发展至少10000亩的生态农业种植地。

不仅要有远大理想,做农业更要立足当下。毕竟对于农业生产而言,有时错过一周,就等于错过一年。2021年,我们的种植和试验还在不断地改进和试错:

(1)在现有基地上持续改善种植结构,提升现有农作物的种植效率和品质。尝试新的管理方式,为未来与更多农户合作打基础。

（2）继续深挖土壤改良实验。土壤是生态农业的根本，阿拉善的土地有机质先天不足，需要有耐心，用方法，一点点改善。

（3）计划扩展一个新的林果基地，利用阿拉善独有的沙质土地和光照条件，种出高品质的沙漠水果，让消费者和阿拉善的农户都有更多选择。

近处的现实

理想美好且遥远。而近处的现实，往往更为艰难。

做农场以来，每年的春秋两季，我们都要想尽办法从牧区找来一车车的牛羊粪来制作堆肥，然后再犁到地里。但牛羊粪的运费经常比牛羊粪本身还高。刚开始，每亩地至少需要10方牛羊粪，每亩地光是有机肥料的成本就超过了800元。而环顾其他农民邻居，一亩玉米地全年的投入都没有这么高。

不过，牛羊粪堆肥不仅仅可以增加土壤的营养，替代化肥，它还可以提高土壤里的有机质含量，让土地更健康，更可持续。

与此同时，我们还不断摸索其他生态和节水技术试验：不同品种试验种植、轮作、间作、滴灌、覆盖、绿肥、沼液等。

不用除草剂，农田只能靠人工锄草，光是这笔投入每亩地每年至少需要500至600元，这又相当于普通种植情况下每亩地一年的投入了。

这样不断折腾下来，与普通种植相比，致良田有机种植的投入高出了3至4倍，产出却是"意料之中"的低——第一年老品种谷子的平均亩产

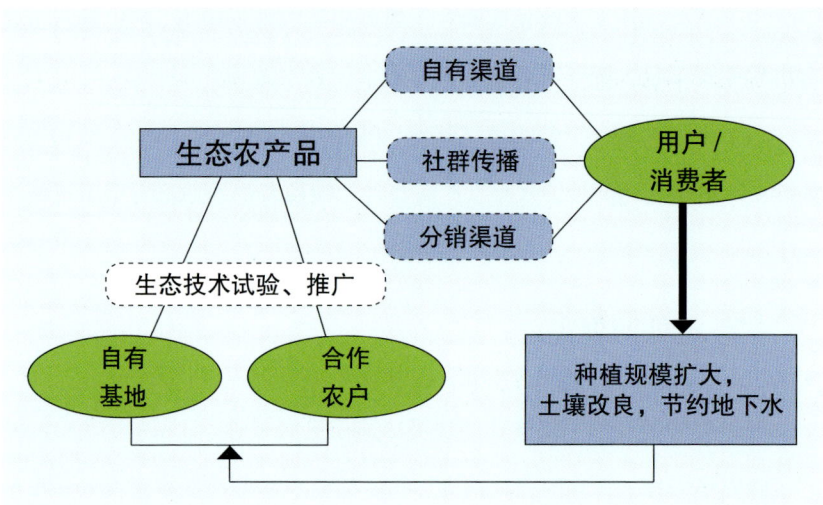

致良田的有机种植模式

每年春天,我们都会从周边牧区拉来大量牛羊粪。

才200斤不到,相当于普通种植的1/4至1/3。但是我依然选择打肿脸充胖子:"这是有预谋的低产,我们选择的这款传统老品种小米口感好、抵抗力强,就是产量比较低。"

几年坚持下来,情况略有好转。首先,用牛羊粪作底肥,它不像化肥那样当年全部见效和全部消耗,而是持续地释放养分,逐渐对土壤进行恢复和改善。现在,我们牛羊粪的投入已经下降为最初的一半。另外,随着土壤的改良和管理上的改进,我们农作物的产量和商品化程度也在提高。

路远点没事,只要在往前走,都是在接近的过程。

不同的活法

致良田有两个活法。

第一种活法就是上面一直在谈的生态农业方向:我们努力生产出好的农产品,在品种选择、技术试验和市场推广方面都逐渐优化,越做越好。然后,通过自己的推广和与其他平台合作,发展自己的会员体系,让更多的消费者有机会接触我们的产品,然后认可并买单。

越来越多的消费者发生购买行为后,我们就能逐渐扩大在阿拉善的生态种植规模,带动更多的本地农户参与,形成一个正反馈的闭环。

致良田的第二种活法是利用农场基地的环境和条件,以及西北方向的腾格里沙漠和东边的贺兰山,甚至更广阔的阿拉善,自主研发和组织自然教育和研学旅行的课程与活动。

致良田每年都在暑期组织不同的研学活动，参与的大人和孩子要么对农场蜜瓜的甜蜜念念不忘，要么对沙漠徒步的艰辛印象深刻；有的同学对如何节水和更有效地推广农产品提出建议和方案，也有的同学在这里找到新的人生方向……

最初，我们只是想带着孩子和家长去体验另一种生活——睡土炕、在田间劳动、自己找食材做饭、在田埂上感受日出日落，体察自然之美，感受生命之真实。后来，我们开始给家长和孩子增加自然科普的活动，帮助外来的朋友理解荒漠化，感受土和沙的区别，感受水的珍贵；带领孩子们去理解生态农业的关键是改善农作物周边的环境，与孩子们一起为土地制作堆肥。在此之后，孩子们吃着自己种下或摘下的蜜瓜，更加感到甜蜜与珍贵。

我们也带孩子们走进沙漠，深入腾格里腹地，体验沙漠徒步的艰辛和痛快，理解水在沙漠中的重要和稀缺，见识沙漠动植物的多样性，感受牧民们的生活。我们相信：只有在极端的环境下，一个人才更容易将注意力从外界转回到自己身上；而一个人只有知道自己是谁，才能更好地跟这个世界交流、互动。

对于大一点的孩子，他们的知识和逻辑都有了一定的积累。我们会通过项目制学习的方式，帮助孩子们从课堂走进真实的世界。当学生通过参与真实的项目来学习时，他们在各个方面都会发生变化。学生不再是被动的知识接收者，他们要面对更真实的问题，自己想办法获取更多的信息并加以分析，通过更多的内外部讨论和团队协作，最终提出解决真实问题的可行方案，为之创造意义。

农业不仅有生产，它还有生态和教育的功能。而沙漠，也不只有荒凉，还有更多样性的美、文化和挑战。

未来的思考

做农场之余，我会练习瑜伽。我把瑜伽的几个关键点迁移到对农场的思考中：

（1）团队和产品是根基，如同我们的手和脚，一定要牢固；

（2）用户则是核心，关系到我们的力量。核心强健，才能让整个身体更健康；

（3）发展的节奏和现金流是呼吸。深度可控的呼吸，每一刻都需要。

农场的第一年，我们仅有8万元的销售额。大约800人购买了我们的产品，其中熟人过半。后来，随着产品种类的增多，以及品牌在生态农业领域里积累的一点口碑，用户数量开始增加，熟人比例下降，我们正式与市场接轨了。

做农场的第四年，我们将农场的土地面积扩大了4倍。这意味着每年春天农场的投入至少也要增加4倍以上。彼时我们处于严重亏损状态，压力很大。我们想到通过招募会员的方式将农场的产品打包销售给消费者。预收会员的一部分资金，会员享受一定的产品折扣，每年还可以来农场小住几天。会员制的引入在很大程度上减缓了我们春天生产的现金流压力，

参加研学营的孩子和家长在沙漠中徒步

来自不同地方的会员到农场体验

我们得以喘息，并如愿以偿地活下来。

这样坚持到2020年，农场终于从连续亏损的状态中走了出来，我们第一次在收支平衡的基础上实现略有盈余。

一路走来，我的感受是选择做生态农业的确不容易。每一个返乡者某种意义上都需要成为一个全能型选手，既需要看到全局，更需要关注细节。我们都在将自己磨炼为一个塑造者：有理想，务实思考，并且坚毅行动。

人物小传

马彦伟，2005年于北京师范大学生态学专业硕士毕业，新阿拉善人。2005年加入阿拉善SEE生态协会工作，2015年创建致良田生态农场。

"一墩青":谁买了我的土豆

成鹏飞

成立"一墩青",培养终身客户

我们农场的名字"一墩青",就是河北当地的一个马铃薯品种的名字。它有个特点:口感非常面,淀粉含量比较高,在15%左右,干物质则在21%左右。它每百克的钾微量元素含量比其他品种高出100毫克——一墩青的土豆每百克钾含量是270多毫克,其他品种是170毫克。

我岁数比较大,经历比较多,最初,我也没料到自己以后会跟土豆打上交道。一开始做公务员,觉得没有什么发展。一次契机,我作为扶贫办的工作人员和一个NGO合作做项目。当时那个机构在我们县里做扶贫,项目本身分了六个主题,可持续农业是其中的一个。我在那个机构里学到很多东西,之前在乡镇办公室的时候没有人教你怎么工作,但在那个机构里，会有人教你怎么分工协作，一步一步地做计划、做监测，收获非常大。

有人问过我："大哥，你为什么去种地？"其实我也不知道。第一个原因，看到农村地是荒的，村子是空的，我就感觉自己应该做点什么。现在种地的农民大部分都在50岁以上，我已经算是很年轻的农民了。

第二个原因，我觉得也许是出于责任心的驱使，我们做了一个项目评估。评估显示，当地的农民其实是希望有机构能帮助他们一起发展农村社区的，因为他们对自己生活的地方已经失去信心，很多年轻人走了，可老人还是不愿意离开。他们还是希望有人员或资金方面的扶持，也希望多接触外部信息。

所以，那个项目结束之后，我组织农民成立了一墩青永续农耕发展协会。作为一个草根组织，最开始真的很难生存下去。我们做过很多研讨，商量究竟该怎么做工作。结论是，作为农民，也只有从农业下手。所以我们后来去申请了两万块钱，付了两年租金，租了100亩地，开始尝试。

做农产品，按照传统农业的做法就是要用化肥、打农药、打除草剂、加各种添加剂，种出来的食物的安全性值得商榷。所以我想跟更多农民一起做良心农民，尝试另外的办法，种出好产品。

做安全的农产品，我也有自己的考虑，那就是为了家人。2004年我有了第二个孩子，2007年，他得了小儿股骨头坏死，我太太也是糖尿病高血压患者。我就想，为了家人的健康，我也要去做这个工作。

这几年，有一件事让我确信无疑：有且只有农业可以培养终身客户。有一天，我和北京有机农夫市集上的一位农友聊天，我问："你一般还会去买菜吗？"他说："买。"我又问："那你买菜有什么特点？"他说："我购买的金额是固定的，买的菜品也几乎就是那几类，因为就喜欢吃那些。"我说："还有吗？你是不是基本上认准了哪家的菜就去买哪家的菜？"他说："好像是的。"所以我们一般在买东西，尤其是在买食物的时候，都是认准一个菜摊，几乎就不会变了。因为大家都是看这个人靠谱才去买他的东西，买卖食物是在信任的基础上才会发生的交易，因为它对你的身体太重要了。

> 北京有机农夫市集是一家消费者发起的社会组织，希望通过促进人与人之间的连接，助力生态农友、消费者和社区一起创造更加公平、健康、可持续的生活方式。

但事实是什么呢？成立协会后，我们做了两年的农场，却发现做不下去了，因为农民没有看到希望。我原本想的是，熬过一两年的转换期，把这块地转换过来就好了。但是农民等不了那么长时间，我只好把这100亩地分给各位农民。由于租地的时候签了20年的合同，契约还得继续履行，所以我自己也租了其中的一块地，把父母都接过去，老婆和亲戚放假的时候也会过来帮忙。虽然最初的计划泡了汤，我并没有忘掉初衷，还是想跟各位农户一起，把当地的作物丰富起来，改善大家的生活和当地的生态环境，不想半途而废。

丰富作物，拓展销路

我们首先做的是当地传统作物的恢复，向当地农民了解他们曾经喜欢

"一墩青"：谁买了我的土豆

▲ 给洋葱地锄草

◀ 给土豆锄草培土，土豆的锄草方法是采用覆盖法。

吃的食材是什么，比如黑豆、长黄豆。我到今天也一直在市集上卖长黄豆，很多人不认识，问这是什么，我说这是黄豆。很多人没见过它，我之前也没有找到图片。但其实，我们小时候吃的黄豆都是长长的、扁扁的那种黄豆，用它做豆腐、豆皮，韧性比较好。当地的老品种西红柿也很有特点，小时候放学回家，吃一个西红柿就能充饥解渴。还有西瓜之类的，也是一样的道理。

当然，不是所有传统的品种都适合现代农业种植。我曾经种过一种叫"白流沙"的谷子（小米），但卖得不是很好。因为过去小米是做饭用的，现在主要是做粥，用途不一样，消费者期待的口感和味道也不一样。

在成立一墩青之前，当地只种玉米，之后，有很多农民来问我该种点什么。农民关心的问题非常直接：什么东西能卖得出去？我说，大面积的杂交玉米多用来做饲料，你得种点给人吃的东西。我自己现在除了恢复当地品种之外，也尝试引进外来物种，比如藜麦，试了五年，从亩产80斤到200—250斤，还有鹰嘴豆、黑麦、小麦等。

我们主要是通过做堆肥（植物肥和绿肥）和多样化种植（西瓜、藜麦、向日葵等）来提高土壤肥力。同时，我们还自己制作农具。当一个合格的农民真的得是个多面手，一会儿得是一个电工，一会儿要当修理工，还时不时要设计一些东西，做些电焊。除此之外，还要懂得怎么买一些农具，了解什么农具适合自己。比如说，我就觉得山西的农具比较适合张家口，因为两地都属于丘陵区，地不平，有些山东和河北南部的机器在那边就没法用。

"一墩青"：谁买了我的土豆

有了产品之后，该怎么找销路呢？我最开始是在张家口、北京跑，去了很多公司单位推销小米。很多时候是靠朋友帮忙，但人家会说你这个产品色泽不行，香味不好，没推出去多少。后来，我又在网上开店，为了营销产品还写了很多文案，卖得也不咋样。最后，我入驻了北京有机农夫市集（以下简称市集）。一开始，产品卖得并不好，有时候也赔钱，可总体上销量是在逐渐增加的。入驻市集一段时间之后，越来越多的人来找我批发小米，还有很多电商和社会企业来找我拿货。

谁买了我的土豆呢？买我土豆的主要是市集上的集友。渐渐地，有人来问："你们家招会员吗？"我们才知道原来还可以招募会员，所以后来，我们也开始招会员。虽然会员的数量有限，但是这些人很忠实，觉得我家东西什么都好，这就是建立在信任基础上的忠实。还有一些网友通过网络搜到我们，就买我们的东西。但相比而言，网友也许会随着时间流失，集友才是我们最铁杆的用户，稳定性很强。除此之外，买我们土豆的还有消费合作社、社会企业、餐厅以及一些同行，如农友、农场，他们也会把我们的土豆配送给自己的会员。另外，学校和社区店铺也会向我们购买土豆——北京、成都、长沙、广州不少主打有机产品的社区店铺都会向我们购买。这些个人和机构主要也是通过有机农夫市集了解我们的。

我们需要市集，需要一个面对面和客户沟通和交流的平台。因为交易需要互信，信任则需要交流沟通，市集能满足这些要求。前面所列的那些客户都是基于市集才成为我们的客户。

我还有一个想法：希望以后能够有一个调配的机构。市集已经初步搭建了农户和消费者之间的信任关系,在这个基础上,如果我们想把生意做得更好、更有效,就需要一个专业的调配机构来平衡需求与库存。去年我们的西红柿丰收,产量太大,以至于通过市集都卖不完。即便市集会推荐一些客户,比如清北消费合作社帮我们消化一些,但这些终究都是应急的零散输出。所以我希望有一个机构,有能力去做从生产端到客户端统一的调配,让生产端卖不出去的优质产品能更有效地抵达有需求的消费者那边。

人物小传

成鹏飞,60后,一墩青永续农耕家庭农场负责人。

从猕猴桃合作社到乡村社会企业

刘 策

2010年,我以第一名的成绩考进了我们县里的工商局。那年我23岁,刚从山东工商学院毕业,本想去南方读研究生,但因为英语成绩差一些,没有考上。

当我准备在学校租房再战时,接到了父亲的电话,他用鼓励且略带幽默的口气对我说:"你回来吧,和爸爸一起建设家乡。"

就这样,高中时期就梦想在大城市成为CEO的我,回到家乡,成了一名乡镇公务员,享受着乡亲们对我这份"旱涝保丰收"的职业的羡慕。

可是每次回到村里,看到儿时玩伴的孩子,看到郁郁葱葱的猕猴桃园,我总想做点什么……

一切的起点

记得小学毕业那年,暑假放得早,正值收麦子时节,村里大概有十几个三五岁的小朋友,父母都看顾不上。于是我组织了3个小伙伴,想要开个暑期托儿所,逐门逐户,甚至追到地头去说服家长,把孩子托给我们照顾。在父亲的帮助下,我们免费租来了小叔家的临街门面房,并将里面清理干净,做了简单的装饰。托儿所准备就绪后,却因为合作的小伙伴家长不同意而退出,最后夭折了。

2003年,我读高一。课堂上,班主任问我们的梦想是什么,我第一个举手。我说想成为一个大企业的CEO,赚很多很多钱,然后去帮助老年人。那时我不知道CEO具体是什么意思,它只是我从电视里听来的时髦词而已。老师问我:"为什么要帮助老年人,而不是小孩或妇女?"我记得当时自己很笃定地说,因为我觉得人老了过得很苦,那么他的一生肯定也很苦。那时在我的认知里,以为人生就是上坡路,只会越走越高。

大学毕业后,我误打误撞回到家乡,成了一名基层公务员,也把商业、创业这些梦想深深埋在了心底,结了婚,生了小孩,平凡、快乐地生活着。

直到2014年,一次偶然的机会,县上的农业局发起了"我为家乡猕猴桃代言"的活动。我的家乡叫作眉县,隶属于陕西省宝鸡市,位于秦岭主峰太白山脚下,南依秦岭,北跨渭河,气候温和,雨量适中,土层深厚肥沃,是猕猴桃在中国的最佳优生区之一。

而我的父亲从 1999 年开始一直做猕猴桃储存和销售。用现在流行的话来说，他是一个连续创业者，走南闯北，干过很多事情，但只有一件事让他坚持了大半辈子，那就是猕猴桃。

1999 年，我父亲成了我们县第一批，也是我们镇第一家盖起猕猴桃冷藏库的人。不仅如此，他总是很热心，邻居家或者邻村谁家里的猕猴桃没有客商来收，就来找他，他总是会帮忙联系客商，或者自己直接收购那些果子。回头看，父亲的行动深深地影响了我。

我们村上的猕猴桃销售，往往依赖外地客商，通过层层加价走向多个城市，没有品牌，没有标准，在市场面前没有任何博弈能力。于是我在朋友圈里宣传起眉县的猕猴桃，结果那一年帮父亲卖出去特别多的果子。

卖猕猴桃的过程中，我结识了国内公益圈很出名的农产品平台"e 农春天"，也认识了著名的公益项目发起人邓飞先生，还有很多热心公益的企业家，以及年轻的大学生们。他们热情洋溢，会为和自己无关的人和事情发声并伸出援手。

这不仅为我打开了一道门，更为我的认知注入了公益的内容，也是从那时开始，我才想深入了解自己的梦想，思考公益这个行业。

2017 年的一次公益探访营中，中欧商学院的校友及其家人一行 40 余人来到我们猕猴桃基地体验生活。其中有一个城市小孩和乡村小孩同桌用餐的交流活动，城市的孩子语言表达非常流畅，能有见地地说出自己的想法；村里的孩子想说，但只腼腆地笑了笑。经过随团老师简单的鼓励之后，乡村孩子也开始畅所欲言，让我感到特别自豪。大家还走访了村里的贫困户，为他们捐款捐物。活动后，小朋友们写了 15 篇文章，在微信上的阅读量超过 5 万，让越来越多的人知道了眉县猕猴桃。

随后，我们在村里尝试组织了一场儿童阅读启蒙活动，教孩子们阅读绘本，讲解"五防"（防拐卖，防性侵，防校园暴力，防意外，防自然灾害）知识，效果也非常好。

做这些事情的满足感，让我欣喜不已。好像找到了一个出口，可以释放我内心的热情和能量。可如果没有捐款，这些公益活动要靠什么持续下去？我们能不能借鉴"e 农春天"的模式，把猕猴桃卖出去，在保证果农利益的情况下，拿出一部分钱来做一些公益的事情？

为农业，为农人，为农村

2014 年，我决定成为一名新农人，帮助父亲销售猕猴桃，也想帮更多和我年纪相当的"80 后"爸爸返回家乡。所以我们组织起合作社，给品牌起名"大志爸爸"。在秦岭山脚下，一个"60 后"的爸爸带领一群"80 后"的爸爸，用给家人的标准种植每一颗猕猴桃，希望桃子的品质值得每位顾客与家人分享，这就是我们的大志向。

品质不是嘴上说说就能实现的事情。在中国农业大学吕玉才教授的帮助和指导下，我们对猕猴桃基地的土壤进行了检测，结果显示各项指标优良。吕教授根据我们本地的特点，做出了一个轻自然农法的种植方案，在坚持传统种植的基础上，进行了逐步的有效改良。2015 年，在朋友的介

大志爸爸猕猴桃基地

绍下,我接触到了澳洲活力农耕技术,经过深入学习和实践,我们决定在村里推广这种技术。在种植过程中,我们也保留了父辈很多传统的种植方法,比如米包叶绑枝和稻草防冻。"80后"爸爸们也开始发挥新农人的智慧,自制捕虫器,做肥力更足的堆肥,种植绿肥等。

经过两年的土壤改造和果园改良,2016年,"大志爸爸"猕猴桃终于上市,带着十几位爸爸、一百多名成员的期待,最终获得了市场的认可。在我们和"e农春天"共同发起的一个500人团购活动中,每人只买一份,每个吃过的人都说好,没有一个差评。最让我触动的是本地人对我们的认可,他们常常整箱整箱地买来自己吃或送给亲朋,这对我们来说是一种嘉奖，因为在眉县，如果自己家里没有猕猴桃的话，那他家总有一个亲戚有猕猴桃。现在，我们的猕猴桃已经卖到了上海、北京、天津、广州等地，2019年，产品也通过了有机转换认证，一切越来越好。

"乡村的问题，必然是本地人自己为主去解决，我们帮助一个乡村的创业者，他们自然就会成为当地的慈善家。"这是"e农春天"发起人之一的邓飞先生告诉我的话。我知道自己不仅仅是卖猕猴桃，也有更想做的事情。

我想帮助更多的人，或是帮助他们像我们一样做健康安全的种植，或是卖掉更多猕猴桃帮助乡村发展，或是帮助老人老有所乐，或者是帮助孩子填补父母的陪伴……

在2018年参加西北新农人工作坊学习活动时，我认识了社会企业领域的专家夏璇老师，才知道原来自己一直想做的是一个社会企业——既能挖掘经济利益，也能解决社会问题，践行使命。

学习结束后，我们组建了村里的妇女学习营，教她们拍照片，做视频，开淘宝店，当微商，带她们去外地学习、参观，组织广场舞活动。慢慢地，村里的风气好了很多：去麻将馆的少了，东拉西扯的闲人也少了，更多的是学习和健康的娱乐活动。

我们也尝试做过环境友好型种植的推广，通过召开座谈会、发传单等方式，让村民不再使用草甘膦和杀菌剂等，组织学习活力农耕和有机种植，鼓励农民在打药的过程中佩戴防毒口罩等。虽然因为缺少资金等问题，未能持续下去，但是我已经看到，越来越少的人使用草甘膦，越来

从猕猴桃合作社到乡村社会企业

丰收的猕猴桃

多的村民喷洒农药的时候戴上了口罩,穿上了罩衣。

目前,我们的猕猴桃合作社也运行良好,加入的很多村民都有了自己的销售能力,也逐渐实现了盈利。在猕猴桃收购过程中,我们会把贫困农户的收购价格提高 0.3 元至 0.5 元,过年过节给一些贫困老人送粮油,给孩子送文具、棉衣,在一些留守儿童较多的乡村开设公益辅导班,在乡村小学、幼儿园开展儿童"五防"安全教育等。

虽然可能带来的改变微乎其微,但在做这些事的过程中,我感觉到了真实的快乐和切实的成长。作为乡村发展的亲历者,我想探索出它有什么问题,什么问题是亟待解决的,我们能做什么、怎么做。虽然现在一切都还是雏形,但在做的过程中,前路会逐渐清晰。

公益,对有些人来说是对自己内心的追求和满足,对有些人来说则是信仰或责任,但对我来说,是价值。未来,我希望能带动越来越多的伙伴返回家乡，增加更多更好的产品，创造更高的经济价值，参与到乡村社会事务当中来，关心、支持和爱护需要帮助的人群，解决本地社会问题。

人物小传

刘策，毕业于山东工商学院财政学专业，现任陕西大志爸爸自然农业发展有限公司品牌总监。

返乡，为了爸爸的苹果

刘阿娟

回村卖苹果

爸爸27岁就在家乡淳化的一个林场做了场长，主要工作就是组织大家种苹果。那时候的苹果还是集体供应，一斤的价格才几分钱，所以也没有谁把种苹果当成主要的收入来源。1988年，爸爸决定把我们家最好的7亩田地都种上苹果树，村里人觉得他疯了，因为我们家有5个孩子，这样下去，似乎就只有饿肚子的份儿了。

三年后，我们搬到了果园里。爸爸不仅要小心我不断扑倒他刚种好的树苗，还要应付妈妈的唠叨。我小时候没有童话书，很多字是从爸爸栽培苹果树的书上认识的，小时候认识的很多虫子，也都是跟爸爸在果园里捉虫子时认识的。

大学毕业后,我先后在西安和北京做了一段时间的媒体工作。直到 2014 年,爸爸的一场重病改变了我的职业轨迹,我回到家里陪伴爸爸。一周后,我对他说:"爸,我准备在网上卖咱家苹果。"这话他当时可能也没往心里去。

但当我开始往县上跑,注册公司、商标时,爸爸着急了,他发火的对象从我妈变成了我。很快,我注册好"爸爸的苹果"这个品牌,爸爸的态度也发生了变化,开始为我操心了。一有机会,就会跟我叨叨关于苹果的事情,什么时候修剪,什么时候松土,什么样的虫子必须坚决除掉,等等。

最重要的是,他在家里也不那么横了,该吃药的时候吃药,该去医院去医院,有时老朋友来看他,他还亲自下厨。

就这样,我成了卖苹果的阿娟。

在孤独与温柔中,自由生长

回村没多久,我整个人的风格就变了,连微信里的画风也不自觉地跟着改变,展示了一派傻大姐式的田园风光。但生活除了给你糖吃之外,还会时不时塞给你一嘴辣椒面,呛得你直掉眼泪。尤其在回乡的第三年,爸爸走了之后,我心里出现了大大的缺口,曾经有多少温暖,当下就有多少触不可及的痛楚。

每次开始焦虑时,我都会提醒自己:阿娟,慢慢来。每一分改良都需要大量的时间、金钱、斗争去堆砌。健康幸福的苹果需要自然生长,绝不

结果　　　　　　　　甜甜的果实

栽树

是任其自由生长，需要科学种植。

为了更好地带动果农进行技术更新，我们费尽力气流转土地，各处搜寻最好的苗子和品种，进行水利设施改良。为了更好地让土地焕发生机，我们采用五点取样法测土，确定土壤中的有机质和各种微量元素的含量再施以肥料。我们实验窑洞式冷库，希望既保证苹果的天然存储，又实现全年供应。

当村里的富士苹果几乎早都摘光了，只有我们合作的果园里苹果还在树上挂着。为什么？我们在等霜降，在等苹果的最大成熟度和最佳口感。而我们给合作果农的价格是市场价的两倍，能给部分果农一个安心的价格去种植健康优质的苹果，这是件值得坚持和骄傲的事情。

我们彻底放弃了二级果市场，确定只服务对生活有要求、能够实时更新自己的用户。我们只做苹果的垂直细分领域。

我的安全感来源于知道自己是谁、要什么，和谁一起，在做一件什么样的事情。我坚信：爸爸的苹果＝运营生产团队＋苹果＋用户。

智慧产生于对自我的了解，我们只有在面对各种人和事，以及想法的过程中，才能了解自己。有智慧的心，永远不停止学习，永远不下结论。

2016年，我许下一个愿望：5年内种52100棵苹果树，作为给这个世界的礼物，结果提前两年超额完成了目标。

我们栽树用的水，是从16公里外的水库拉过来的，需要倒进蓄水池，然后分抽到小水车里面给树浇水。树栽进去的4个小时内一定要浇水，浇够60斤水，才能让小树活下来。有天晚上，村民早就回家睡觉去了，同事们头上戴着矿灯,开着手机的手电筒,加班浇树到凌晨一点多。当时,由于地里比较洼,水车很容易就陷进了泥泞当中。但是大家工作太投入,满脑子想的都是要让下午栽的那几千棵树活下去,甚至有些奋不顾身。第二天,水工队队长跟我说:"姐,昨天晚上你们是在救树的命,我们水工队是拿命在拉水。"

2019年3月,在广州的苹果推介会上,"爸爸的苹果"代表咸阳市做了分享,除了分享我们公司的一些情况外,也谈到农业企业的顶层设计、制度、标准化业务流程、产品标准化、人才职业素养等问题。在建园前,我从来没有深入思考过这些问题。

过去这五年,我从一个充满恐惧不安,时常怀疑自己存在的意义,缺爱、要爱却不会爱的姑娘,变成现在这个样子,不仅能够爱己爱人,也能承担更多的社会责任。可是,我为什么还是感到难过?大概,即使大脑可以忘记过去的一些经历,但身体会记得,它正在跟我进行全面清算。

爸爸那一代农民的使命已经结束,还好,我们已经接过接力棒,新树也已种好。

土地不负人

2020年年初,新冠疫情导致高速公路被封锁。等物流恢复后,我们的销售期已经过了。我们连客户的预订单子都没有发出去,而一部分客户也因为疫情影响,无法给我们回款。亏得太多了!于我而言,前一年的利润

基地

基地周边

正是第二年园区的运转费用，这意味着我下一年要为无米之炊。

而上一年建的苹果园，是一场灾难级的失败——我们公司的核心员工在职期间注册了自己的公司，还开展了与我们类似的业务。经过慎重考虑，入春后，我们拔掉了2019年种的所有苹果树和格架。

保持沉默，解决问题，于我而言，竟然成了最后保全自己的方法。

事情不难，难的是遇对人。当时的负责人早已撂挑子跑路，留下来的同事陪我度过了最艰难的一年。对跑了和把责任撇得干干净净的人，我可以说声"算了吧"，而我始终无法放过自己。这些人，都是我选的，我是唯一那个必须为结果负责的人。

春节后，从平整土地、选品种、选苗，到栽植、格架系统，这些流程我们在700亩的果园里几乎踏踏实实重新做了一遍。此时，水、电、滴灌系统、农机、人员也陆续到位。当下的工作做得越好，我越无法原谅2019年愚蠢的自己。别人五到十年累积要犯的错误，我们一年内全犯完了。我们每一步都没有偷懒，但每一步都走错。

土地沉默不语，包容万象，它像一面镜子，映照着我们每个人的内心。土地不负人，我们种下什么树，就会结什么果。2019年，我们几乎是园区界失败的典范；2020年，我们团队应该是打造了一个"从头再来"的样本。我们终于明白，在这个阶段事应该怎么做，钱应该怎么花，人应该怎么用。

而这一年里，苹果树长出的每一片叶子，抽出的每一根枝条，吐出的每一簇新芽；园区迎来的每一个蓝天，送走的每一轮夕阳，彩蝶的每一次扇动翅膀……都是最让人感到安慰的事。我们把办公室的炉子烧了起来。每次围炉而坐，我都觉得心安。我不知道自己什么时候能彻底放下曾经那段黑暗的日子，但我会一直记得那几位在黑暗中向我递来光亮的人。

返乡种苹果一年后，我就认识到：真正的奢侈品是时间，而农业是最耗时的产业，农产品之所以一直被贱卖，就因为大家忽略了它背后的时间成本。当然，我并不想把苹果做成奢侈品，只是希望大家能够理解农业。一个事实是：贫农很难种出好的苹果；同样，糊涂人是吃不到好苹果的。

所以，我希望：我们能一起重新定义农产品，尽力缩小农民和用户之间的距离，彼此理解，让农业回归自然。

人物小传

刘阿娟，女，毕业于西安石油大学新闻专业，曾任《凯叔讲故事》和《罗辑思维》编辑，2014年返回家乡淳化创建"爸爸的苹果"农业品牌。

从农家女到电商带头人

张 素

我叫张素，1980年12月出生于甘肃临泽的一个小农村，是一名地地道道的农家女。2000年就结婚了，婚后第二年，我的儿子出生了。那时一边和家人经营村里的一家小卖部，一边照顾孩子，干一些农活。

开设网店

第一次接触电脑是在2006年，那时候西气东输工程的几名技术员租住我家房子，我看到他们下班后就在电脑上玩游戏、聊天、看电影，感觉非常新奇。受好奇心驱使，我开始借用他们的电脑。原来，借助一台四方四正的机器，居然可以不见面就和别人联系聊天，还可以玩游戏、看电影，很先进的样子。于是那时候，我就注册了聊天工具账号。

2007年自己购买电脑之后,刚开始我就是用它上网聊天,后来我无意中加入了一个"小学生家长群",在这个QQ群里认识了很多来自全国各地的优秀学生家长。大家平时聊的最多的是孩子的学习和成长,以及生活中的问题。因为这个QQ群里的朋友的孩子都差不多大,共同语言特别多,特别能聊得来。有一天,一位家长在群里说想买些枣,但不知道哪儿的枣好吃。我出于好心就说:我们的临泽小枣在甘肃是很出名的,临泽还有"枣乡"的美誉,你们把地址发过来,我寄一些给你们尝尝。然后,我就免费给那些想吃小枣的家长寄了一些枣过去。他们吃过我送的枣子后,都觉得这种小枣核小,味道甜美,肉质较多,建议我开个网店。

那是我第一次听说淘宝,还不知道那是不是一种可靠的工具,但出于对群里家长们的信任,我决定一试。可一个连从网上买东西都不会的农妇,想直接开网店,谈何容易。我连支付宝的登录密码和支付密码都搞不清。那时候,开店还需要考试。主要是预防上当受骗,再就是保证消费者权益这类知识,但我每次考试都差那么几分。而且过程中有什么问题,淘宝系统得等72小时之后才给答复,所以多数情况下是当时兴致勃勃,等的时间长了就又不想做了。

当我把想在网上销售小枣的消息告诉家人,得到的是极力反对。他们认为临泽人家家都种小枣,小枣收购贩子也多得数不清,也没听说谁家卖小枣挣了钱的。说不定不但不挣钱,还要赔钱。但我一直坚信销售小枣是一条致富之路:在临泽,几乎家家户户种枣树,小枣在本地基本没有市场,既然有那么多外地人喜欢吃临泽小枣,为什么不把它们卖到外地人手里?

经过几年的备考和对网络购物的逐渐了解，2012年12月，属于我的淘宝店铺"临泽张素小枣"终于开起来了。

经营之难

都说万事开头难，我也不例外。从不会到会，从被人排斥到被理解、被接受，我经历了与很多农产品网络销售者同样的心酸。刚开始去发货时，那些快递公司觉得我的网店肯定开不了多长时间、发不了多少货，所以运费一直谈不下来。在几个快递公司碰壁之后，我又联系到邮政小包，与他们合作，但好多顾客的评价是"枣子依旧好，快递不给力"。有一次，一天接到6个单，两天过去了，快递都还没来取货，打电话联系后，对方说车已经出发，正在过来拉货的路上。可是，我在这边等了许久，都没见到快递车。这一次经历让我损失惨重，货物送不出去，到货时间延迟，顾客满意度下降，影响到网店信誉。幸好当时临泽新成立了一家快递公司，主动打电话希望同我合作，这才能将货物快速发往目的地。

开网店以来，不仅发货碰壁，我天天不离电脑的行为也遭遇到了同村村民的不理解和猜疑。在他们眼里，我每天是在打游戏、聊天、不务正业，更有几个邻居甚至半开玩笑地在我面前说：这媳妇子跟人学坏了，天天趴在电脑上，别哪天跟人跑了。我在生气的同时，却也找不到合适的办法跟他们解释我是在淘宝上卖小枣。当时村里面除了上大学的学生了解淘宝网外，其他人很少知道。加上我的淘宝店刚开业，月销量比较少，也就更不好意思跟村民说什么。那时候网店刚开业，事情比较多，我也刚上手，还在慢慢学习，再加上周围亲朋好友、家人的不理解、不支持，心理压力也比较大。

但是有付出就有回报，只要在自己选择的路上坚强地走下去，至少你不会太过失望，因为你收获的不仅是成果，还有那过程中的点点滴滴。至今，我仍然清晰记得收到第一笔大订单时的心情。那是山东的一位顾客，一次拍下25公斤小枣。这是我开店以来收到的最大一单，心里的激动、喜悦让我情难自禁，连做梦都会笑醒，连带着那几天的心情也格外轻松。可准备发货的时候我又犯了愁：那时圆通首重15元，续重10元，25公斤小枣光运费就需要255元……后来听说中铁快递运费比较低，为节省成本，我提着25公斤小枣，从临泽坐班车到张掖，然后坐公交到张掖火车站，才把货物发出去。

那次的经历现在说来或许不觉得有什么，可是当时我一个人把25公斤小枣从临泽带到张掖，再到火车站，其中的艰辛、兴奋，还有一丝丝酸苦，至今让我无法平静。随着网店的开张，慢慢地，家人也开始理解并支持我的做法，有时候老公会帮我去发货，儿子会帮我填写发货单。这时候会觉得很欣慰：在儿子眼中，他妈妈是个很厉害、很有理想，并且敢于把理想付诸行动的人，也实现了自己的梦想——建成了一家网络店铺。

不过，我也有头脑发热上当受骗的时候。2013年12月，有人通过网店看到我的联系方式，主动打电话跟我说自己是国家电网的，准备进些红枣礼盒给员工发福利。我觉得对方态度可信，是一笔好生意。谈好价格后，

在丰收的枣园

对方让我带身份证复印件、营业执照、样品去天水签订合同，我没多想就答应了。几天后，我、老公和大伯哥一起去了天水，合同顺利签订，但对方说要先给公司财务主任在西安上大学的女儿打4000块钱。当时，我觉得既然合同已经签了，对方一定会履行条款，就打算按他们的要求准备打钱。但是大伯哥阻止了我，他觉得谈生意就谈生意，把私事扯进来有些说不通，而且大伯哥原本就不同意我做网络销售。后来，经过老公和大伯哥的认真分析，我也很快发现这是一场骗局，所幸财物上没受什么损失。俗话说，吃一堑，长一智。这件事让我有了经验，开始懂得分辨做生意的真假诚意。

经过这场"风波",家人再次动摇,我婆婆、大伯哥都不同意我继续做网店,认为风险还是太大。但是,当我看到绝大多数客户对产品的好评,自己的产品受到别人喜欢的时候,就觉得自己在做一件很有意义的事,心里那团为梦想而奋斗的火焰又燃烧起来。

从无到有,从小到大

2014年5月,我有幸参加了"全省首期电子商务培训班",认识了一群志同道合、像我一样开网店的朋友,这让我第一次感到自己并不是一个异类。培训结束后,我们也时常交流讨论,发现从事特色农产品销售的人不乏我这样的普通农民,因为原始资金不足导致无法保障后续销售的情况很普遍。大家常常面临有订单无产品、有产品无包装、有质量无销量的情况。

不过机会总是留给有准备的人。2014年8月12日,我路过朋友在临泽县312国道边的红枣地摊时,看到边上围着好多人,但是摊主不在,就想不能让这么多顾客空手而归。帮朋友卖枣也不是难事,我就过去问他们:"请问你们是要买大枣,还是小枣?"没想到他们回答:"不是我们要买枣,等会儿任贤齐和田亮要来买枣,刚好你可以来帮我们客串一下本地农民。"我这才知道原来他们是在拍摄《巅峰拍档》这个节目,我竟然就这样荣幸地当了一次群众演员,人生也由此发生了转变。后来"任贤齐田亮路边摆摊卖枣"这个视频在网上流出，内容正是他们最初向我买枣，而后又帮我卖枣的过程。我将这个视频发到 QQ 群里，亲朋好友纷纷转发，一下就让我在本地小有名气。我又将这个视频放到了我的淘宝店首页，也让网店名气大增，吸引大家围观的同时，订单数量直线攀升。

一些本地的困难农户也循着这个视频找到我，希望我帮忙销售他们的产品。于是我趁热打铁，开办了"临泽县小枣姐电子商务中心"，引进了红枸杞、黑枸杞、枣花蜂蜜等土特产品和空心焦枣、红枣枸杞汁等特色枣产品。在丰富货品种类的同时，我也意识到网络销售方式更新换代速度很快，不能在 QQ 群宣传和淘宝销售等手段上原地踏步。于是一有时间，我就学习充电，尝试利用微信、西瓜视频、抖音等网络新媒体直播宣传销售。

同时，我也承担起村级电商服务点带头人的任务，面对上门求教的妇女，向她们介绍网络销售的方法和注意事项，手把手教她们操作。就像我在做网店过程中受到别人的帮助一样，现在，我也越来越有信心帮助别人。

2017 年，我的网店被甘肃省商务厅评为省级优秀网店。2018 年 6 月，在"我为临泽小枣代言·寻找最美网红"活动中，我获得了"小枣姐"的荣誉称号。更值得骄傲的是，同年，在首届全国农民丰收节上，我代表甘肃农民，携临泽小枣登上了湖南卫视《天天向上》的"共享农家乐"栏目，把临泽小枣展现在全国人民面前。

经过这八年多的经营，我的小店共上架 20 多种产品，店铺信用达到五颗钻。销售的小枣等产品已发往全国各地，有附近的兰州、西安，也有遥远的福建、海南等地。销售对象也涵盖各类人群：有买回家自己煲汤熬粥的,也有实体店批发去卖的,还有给各大超市供货的……虽然有时会觉得做电商很累,但想想这个还不算太艰苦的创业过程,想想做电商之前的生活,再看看现在的我,思想上的变化以及生活上的变化,都让我觉得自己当初做的决定是正确的。

人物小传

张素,土生土长的甘肃省临泽县人,抖音小店"张素临泽小枣"掌柜。

我有一个梦想：
在青藏高原创造一座天堂花园

慕亚伦

你看到了吗？

我已经看到阳光在树丛中闪烁，花儿迎着风微笑，树林里生长着甜美的果实，鸟儿在树枝间鸣叫，鼠兔探头探脑地张望，马儿悠闲吃着青草，老鹰在天空盘旋，孩子们和狐狸一起玩耍，狼守卫着这片花园，歌声和笑声环绕不息……

梦想的生活

我们的家园，在青海曲麻莱县玛域草原凤凰牧场，海拔4398米，门前就是黄河的源头卡日曲。

这里位于青海省西南部,玉树藏族自治州北部,青藏高原的腹地。人们听说玉树,可能是因为2010年的玉树大地震。曲麻莱县是玉树六县之一,全县面积约5.2万平方公里,总人口约4.6万,基本上都是藏族。这里有藏区四大神山之一的尕朵觉悟,有广袤苍凉的可可西里,我们的母亲河黄河发源于此,长江上游的通天河也流经此地,这里是世界上最纯净的地方。

记得一位朋友认真地和我说:亚伦,你来到青藏高原,一定有特殊的使命。

每个人来到这个世界,都在追寻自己的使命,寻找人生的意义。人们往往不知道自己为什么来到一个地方。好像有很多理由,但很难确定究竟是哪个理由,让我有勇气迈出这一步,跨越了几千公里。但又好像不需要什么理由,听从内心的召唤,回到心的家乡,哪里还有什么阻碍!

我以前很喜欢和驴友相约到青藏旅游。我认识一位58岁的广州姐姐,美丽且满脸喜悦,我们都叫她大李姐。有一次,我们8个人一起在川藏线旅行了9天,回到城市后依然经常在网上聊天。没想到过了不久,她又去新疆徒步,我和她说:大李姐,我也好想辞职和你一起去旅行,可是我没有勇气!她回答我说:亚伦,那就多吃番薯,番薯补气!

原来增加勇气就是那么简单!后来我辞去了北京商业公司的工作,读书旅行,然后加入了北京一个著名的环保组织。

有一句话你也许听说过:既然喜欢远方的风景,那就把旅行变成生活。

幸运的是,当我真诚地祈祷,宇宙就已经为我创造了所需要的一切,包括我所梦想的生活。

2014年之前，我有幸作为环保组织的工作人员，参加了曲麻莱县的一次环保人大会。从高原各地赶来聚会的藏族环保人，讲述了他们用自己的方式在家乡守护生态平衡的故事。保护神山圣湖和生灵万物，是藏区人们的日常生活，也是他们与生俱来的使命。会议之余，大家总是快乐地唱歌跳舞，蓝天、阳光、白云、巍峨的神山、纯净的圣湖，这大概是最接近天堂的地方。我想，这里就是我心中的人间天堂。

会议过去很久，我都无法忘记高原随意飘荡的白云，无法忘怀藏族同胞自由奔放的舞蹈，无法忘却高昂嘹亮的歌声和真诚温暖的笑脸。被大家的环保故事感动的同时，我想自己也许可以留下来做点力所能及的事。回到北京后，我发起了三江源人文图片展，向公众宣传那里独特的地理风景、人文传统和代表性动植物。这个展览得到了很多朋友的支持和赞助，同时募集了一些公益资金，支持我开展环境教育工作。

2015年年初，我来到曲麻莱县，和在环保大会上结识的索南义西、旦巴江才一起开始我们的凤凰启蒙环境教育项目——联合社区领导和居民，以及县城小学的师生，一起定期捡垃圾，和社区德高望重的老人家们座谈环境保护问题。

原以为这一年是我的环境教育起步之年，而事实上，这是我被教育的一年。那些老人们说，藏区以前没有"环保"这个词，后来他们离开了草原，放弃了牛羊，来到县城的移民区。因为没钱买牛羊肉，就开始买加工食品，使用一次性用品，然后就有了垃圾。

那时候，曲麻莱县藏族同胞的生活水平普遍较低，很多人收入在温饱线以下，贫困才是这里最严重的问题。所以有人说：亚伦，你是带着大家饿着肚子捡垃圾。而且县城也没有完善的垃圾回收利用制度，缺乏官方引导和教育，甚至垃圾箱和厕所这些基础设施也不足，光靠捡垃圾难以解决环境污染的根本问题。

是啊，做环保、捡垃圾，看起来是一件很高尚的事情，但是饿着肚子就不美好了。那一年的经历，让我体悟到人间天堂也是人间，生老病死，一样也逃不掉。风景的美丽并不能解决生活的困苦。这里的人，和那里的人，人人都需要面对同样的问题：怎样能够生活得健康幸福？

第二年，我没有继续募捐公益资金，也像没有经济来源的本地人那样体验到了曲麻莱县的贫困生活。为了生存下来，我和索南义西成立了凤凰商贸公司，开始销售青藏高原的土特产，比如野生黄蘑菇、冬虫夏草和牦牛肉。商业经营没有想象中那么简单美好，如同大多数没有政府资金支持的中小农牧产品企业，我们缺乏专业的经营能力，没有稳定的平台支持，经济效益平平，勉强生存。

幸好我和索南义西对物质的需求都没有那么强烈，而是想通过自己的努力，帮助身边的人们生活得更好。那一年，我们从八九个县城里召集了一些孤儿，成立了孤儿补习班，授课内容是环境保护和藏族传统文化。我的45个好朋友每人捐助800元，资助我们每个周末给孩子们买好吃的蛋糕饼干。物质的匮乏并没有减少孩子们的快乐，而他们的歌声和笑声也经常让我们忘记生活的困苦。快乐对孩子来说是如此简单，只是好像被我们这些成年人遗忘了。

第三年的夏天,在曲麻莱县珠姆尕卡通天河边,我和索南义西举行了传统的藏族婚礼。一个汉族女人和一个藏族男人,开始了平凡又特殊的新生活。

那是第一次,我跟随索南义西一起回到他家里的牧场,就在格萨尔王赛马称王的玛域草原。他小时候因为家庭变故离开后,已经十五年没有回来。可这是他的家乡,这是他的根,夏季的高山草甸那么美丽,那么热情,风温柔地吹拂,好像在召唤游子:回来吧……但是家乡已经变了样,雪山上已经没有了雪,成群的藏原羚只剩下零星几只,爷爷和阿爸亲手盖的土房子早就成了残垣断壁。

第四年,我们经营着刚注册的凤凰商贸公司和凤凰生态畜牧业合作社,也在思考如何真正回到玛域草原,如何在海拔4398米的高原定居下来,如何让自己和周围的亲戚朋友们生活得健康幸福起来。这是曲麻莱县很多人都在思考的问题,也有很多人在观望我和索南义西这样的汉族和藏族结合的家庭,能做出什么不一样的事情。

高原上的家园

那时候我开始阅读俄罗斯的《鸣响雪松系列——阿纳丝塔夏》这本书,书中描写了一位生活在西伯利亚泰加林的女士,独自一人和身边的野生动物们一起生活。她就像神话里描写的仙女,却又仿佛活生生地站在我的面前：她不需要穿很多衣服，因为身体可以根据气候变化自动调节，适应温度；她住在树洞里，晚上和熊相拥而眠；她饿的时候只需要打个响指，松鼠就会跑过来为她剥开松果，送上松子；不论多么遥远的距离，她都可以用温暖的光线为人们疗愈；狼会为她守护安全，也会为她照看孩子；周围的花草树木，都能为她带来所有需要的能量和养分；她在雪松林里思考，就能知道全世界人们期望得到的讯息和技术……

我为此着迷，就像她说的：这是人类与生俱来的能力，只不过我们在技术治理的社会里逐渐遗忘了这些能力。

人类存在的意义是什么？神创造了这个世界，又是为什么呢？

——"共同的创造及其深思带给万物的快乐"。

当我看到这个答案的时候，感到一束光突然照亮了我的内心，如同迷路的孩子找到了家的方向。人类共同创造了现在的地球生活，我们当然能够用思想来创造未来幸福美好的家园！

书中详细介绍了阿纳丝塔夏如何创造一个爱的空间，如何种植树木的围篱，如何种植谷物和蔬菜，如何饲养动物，如何制作带给人们健康的食物。善良的人们用心缝制的衣服会带给人爱和力量，人们在自己创造的家园里能够像她那样健康幸福地生活，夫妻在这样充满爱的空间里能够生出神圣的孩子，孩子们在这样的空间里长大就会具备我们曾经遗忘的各种神圣的能力。逝去祖先们的灵魂也会重新回到祖传家园，我们的家族会延续下去，遍布整个宇宙。

幸运的是，索南义西也认同这个理念：几千年来藏族人和自然一直保持紧密的连接，神山圣湖都有自己美丽的传说，人们不会轻易杀生，每一朵花、每一株草也是被尊重的生命。

我们希望按照书中祖传家园的指导，共同创造属于我们的爱的空间，活成人类第一次来到地球时那种美满富足的样子。我们希望在这样美丽的、爱的空间生养我们的孩子，我们的孩子会比我们更加智慧、更有能力，会引领高原上的人们生活在幸福的人间天堂。

所以，我们开始在玛域草原凤凰牧场上建造房子，这是在高寒地区定居下来的前提条件。因为我们无法在零下四十摄氏度的极寒气候下只靠帐篷保温，而且希望孩子可以出生在温暖安全舒适的环境里，父母也会喜欢住在温暖的房子里，和我们共度余生。

青藏高原一直都是由传统的游牧文化主导，即使现在没有游牧的地方了，大家依然只是住在简单的帐篷里，家具很少。夏天，外面下大雨，里面下小雨；冬天，风雪总是能够钻进帐篷里，妇女们上了年纪，都逃不掉风湿病的痛苦。针对高寒气候和水源地的特征，我们研究了很久，决定采用生石灰三合土搅拌糯米水建造夯土房。三合土糯米水夯土，在中国古代建筑中广泛用于宫殿和城墙的建造，时间愈久，夯土墙愈坚固。修筑而成的建筑具有极强的防水效果，抗雨水侵蚀的时间最长可达63天，福建圆形土楼、故宫都是三合土夯筑。

唯一的问题是我们这里没有现代化的施工机器，也没有电力系统，所有的挖掘、搬运、搅拌、夯击工作都只能依靠人力。青藏高原地广人稀，回到牧区生活的人本来就很少，最近的一户邻居也有8公里的距离，所以根本找不到人帮忙。光是购买生石灰，就需要从1000公里外的城市雇大货车运输回来。这里夏天极短，暖季也是雨季，一般两三天就要下雨或冰雹，道路也经常被水冲毁，施工条件极其恶劣。

可这是我们的家，无论难度多大，我们也要建成完美的样子。只要想想不久的将来，我们和孩子们生活在温暖明亮的房子里，炉子和火炕暖暖的，坐在阳光走廊的椅子里，喝着热茶，看着玻璃外面鲜花烂漫、绿草如茵，或者雪花覆盖着山坡，那是多么幸福的生活啊！

高原极端气候导致每年适合开工建设的时间只有两三个月。从2018年建造房子开始，第一年我们只做好了地基，第二年夯了50厘米高的一圈墙。2020年夏天气候奇诡，雨水纷乱，能开工的时间更是少得可怜，但是很感谢好朋友尕松东周、才青和格来尖措从遥远的地方赶来帮忙，还有索南义西的阿爸阿妈、弟弟妹妹以及我的爸爸妈妈每天督促进度。房子看起来还需要几年时间完成，不过它就在那里成长着。虽然进程缓慢，可一旦建成，就是玛域草原上最温暖、最美丽、最坚固的房子。

盖房子不是最难的，最难的是凝聚人心。

高原牧区的藏族人，原是最淳朴善良热情的，经过几十年漫长岁月里风土人情的改变，人与人之间失去了原本的信任和友好，变得越来越冷漠淡泊。刚回到草原的时候，邻居和亲戚们虽然也会拿出好吃的招待我们，但是眼神里没有温度，只是冷眼旁观。因为他们不知道我们为什么要从城市回到草原。年轻人都不愿意回到牧区，这里没有房子，没有手机信号，没有朋友喝酒聚会，天天只能和牛羊做伴。寂静有时候会让人发疯，再美的风景也没有了意义。言语的解释苍白无力，说得再多，也不如做一件实实在在的事情更有说服力。

第一年，我们扎起帐篷，整个夏天都在自己的草原上夯土打墙。第二年，见我们还在这里忙碌，邻居和亲戚们慢慢开始过来参观，有的送来牛奶和酥油，有的花半天和我们一起夯土。索南义西的姨奶奶是个传统的藏族老人，一辈子只穿藏袍和传统的藏靴，手里永远转着转经筒，嘴里默念"唵嘛呢叭咪吽"六字真言。我们每年都会去她的帐篷里做客，有时给她带蔬菜和水果。她家的干肉特别好吃，奶茶也特别香浓。2021年是我们回到草原的第四年了，姨奶奶第一次送给我们一块草原上最好的白酥油，说是她亲手做的，我们一定要拿着。

如同人心可以变坏，同样的，人心也可以变好。时间在这里是不能太在意的事情，但改变也确实会随着时间的流逝而发生，只要你的心足够坚定。

盖房子之外，我们的第二大工程是种树。

阿纳丝塔夏说，家园的围篱最好是用活的树木，种下的树木生生不息，围篱也会永远美丽坚固。我们的牧场很大，整个牧场都用树木围起来是不现实的，所以我们决定在建造中的房子周围，种植一圈雪松。松树能够抵抗严寒，也是节水植物，还能挡风雪，结出松果。松果里的松子是最好的食物，可以榨油，也可以制作面粉。松树能够活到五百岁，在这漫长的岁月里，从宇宙中接受各种信息，我们也可以从松树那里获得所需的宇宙信息。

凤凰牧场

我们在牧场上种树

但是没有人相信树木能在这里活下来。

从有历史记载以来，这里从来没有树：海拔高，气候冷，风雪大，典型的高寒草甸分布区。人们都以为我疯了，不是怀疑，而是直接否定说，树不可能活。

曲麻莱县平均海拔4500米，树木生长的极限海拔一般就停留在这个高度。然而我发现在一些河流环抱、气候湿润的寺院周围和山谷里，依然生长着常绿松柏。很多松柏已经上千岁了，它们姿态优美。看着它们，你会忘记高原的苦寒。树木生长的地方，气候格外湿润宜人，人们脸上也会有更多坚定和笑容。

随着整个青藏高原的变暖，极端气候越来越频繁，单薄草甸覆盖的沙石土壤保水能力减弱，极容易引发干旱或水灾。在这个大趋势下，在高原种树，不但可以防风固水，还能帮助恢复因过度放牧而受损的草原植被，营造适合人类长期生存的生态环境。

那些质疑和否定，并没有影响我们。我们已经看到挺拔的绿色树木在玛域草原上坚强生长，就如同我们自己在这里生根发芽，世代传承。

第一年种树，我们先用800棵小雪松做实验。因为没钱没人，一直到7月初，才找到车子把树苗运送到自己的牧场。可当时已经过了种树的季节，高大的树苗在运输过程中极易受损，无法生根，只能选择三四十厘米高的小树。我们帮树苗赶走啃食的鼠兔，尽量多浇水。但经过冬季和春季漫长的干旱期，第二年，当我们重新来到牧场时，小雪松基本上都干死了。只有集中种植在水源地附近的还保有绿色。即使实验效果不理想，至少获得了失败的经验。

2020年，我们得到了县领导的支持，5月初购买了2000棵一米高的雪松树苗，其中500棵送给了寺院，1500棵种在牧场房子周边的山坡上。种树的第一天就下雪了，暴风雪整整下了一晚。干旱得到缓解，但是温暖地区来的树苗恐怕有点"蒙圈"了：这是到冬天了吗？几天后，它们的绿色针叶变成了黄褐色的保护色。我们焦急等待，不知今年的努力是否会带来不一样的结果。一个月后，在黄色和绿色的针叶丛中，冒出几个紫色和绿色的毛球球，有几棵雪松竟然发芽啦！又过了一个月，所有的雪松基本上都发芽了，先是冒出紫色的芽球，然后长出慢慢变成绿色的新生针叶。树精灵在跳舞，生命在歌唱，鸟儿也争先恐后在雪松枝叶里做窝，养育小鸟，森林里生机勃勃。

我们还在沙化的土地里种了几种适合高原生长的草和灌木，它们也都发芽了。我想象着，等刺槐和柳条长高了，可以用它们的枝条编成小筐、小篓或椅子。自己动手，丰衣足食。

第三个实验：种菜。

高原游牧民族没有种菜的经验，也就没有吃蔬菜的习惯，常年摄入高热量的牛奶、酥油、牛羊肉和青稞面，让很多人的身体负担不起。尤其是如今已经定居下来，依旧食用这些食物，会让多余的油脂和肉难以吸收。县城的菜店一般一周才进一次蔬菜，基本上都是从1000公里外的西宁长途运输过来的，等我们去买时很难买到真正新鲜的蔬菜。曲麻莱县有十几个蔬菜大棚，也因为高原气候寒冷，适宜的生长期很短，蔬菜品种和产量都不多，想吃本地新鲜蔬菜，只能靠运气。

怎么才能吃到新鲜健康的蔬菜呢？我们决定自己种。

高原没有蔬菜大棚，怎么种菜？我们尝试在牧场的湿地里埋菜种子，但是高原的8月已经开始变冷，种子没有足够的生长时间，没有发芽。

转年我们又在一片松软的土壤里开辟菜地，种了白菜、青菜、萝卜、蚕豆、香菜。过了十天，很多菜种子都发芽了，但小幼苗被牦牛啃食了很多，过些天又被夏天突如其来的冰雹摧残。等到最后，只看到几株蚕豆开花了。这时候已经快到玛域草原的秋冬季，我把那株最好的蚕豆花摘下来，直接生吃掉了，味道很甜。

第三年，我们拥有了一个500平方米的蓄棚。我们运来发酵的羊粪，和土壤混合，把这里变成一大片菜园。这次，我在网上买到了近30种非转基因的蔬菜种子，播种后很快就发芽了。等我们9月去西藏阿里地区转山，10月份回到牧场时，天呐，蓄棚里郁郁葱葱的蔬菜好像突然间长到一尺多高，青菜萝卜都开花了，给了我们无限的喜悦。周围的亲戚朋友来串门，索南义西就带着大家看我们的菜园，给大家品尝香甜的青菜，传授种菜的方法和技术。

我们每天在雪松林里散步，看着新芽慢慢变得结实粗壮。从旁边的小河里打来清澈甜美的河水，给蔬菜浇水，随手摘一棵青菜尝尝。听鸟儿唧唧啾啾地鸣叫，蜜蜂在花丛中嗡嗡寻觅；看鼠兔追逐嬉闹，牦牛在山坡上悠然吃草，狼在远处徘徊窥探……这就是我和索南义西共同创造的爱的空间，这就是我们的祖传家园。就像"鸣响雪松"里阿纳丝塔夏说的那样：

宇宙从一开始就给人类准备好了生存所需的一切，而且丰饶无缺，只是我们都忘记了。

人们不需要到处奔波追逐，只需要收回追寻远方的迷惘目光。当我们从以金钱为目标的生活中跳脱出来，安住在自己的家园，受到伟大梦想启发的人们会共同创造天堂一样幸福美好的生活。脚下的土地孕育着所有我们所需要的一切。孕育生命的阳光、空气、泉水，双手能触碰的花草树木，也回馈给我们爱和力量。周围的人，眼前的花草和动物，他们一直在等待，等待你温暖的目光。

我们曾经以为成功就是让更多人认可，或者拥有更大的影响力。但是给我们真实的幸福的，最终也不过就是一朵花的美丽，一滴水的清甜，一片树叶的绿色，一只动物的亲昵，一个人的温暖。满世界追求的富足，其实我们早已经拥有。

一个人要想使别人幸福快乐，自己先要成为幸福快乐的人。

如果想要改变全世界，那么先改变自己，世界才会随之改变。

就像我们周围的藏族同胞，他们也喜欢温暖的土房子，也想像我们那样在牧场上种树种菜，也会觉得没有农药化肥污染的新鲜蔬菜特别好吃。他们开始希望加入我们的合作社轮流放牧，互相帮助。传统的畜牧业生活方式正在发生改变，比起我们曾经试图帮助大家摆脱贫困和疾病的努力，这些生活的改变细润无声，其实我们已经在共同创造青藏高原幸福美好的生活。

当越来越多的人开始创造爱的空间，我们生活的环境就会变得越来越好，空气、水和食品安全不再需要担心，人与自然和谐相处。人们回归对家庭的爱，对祖先的记忆慢慢恢复，充满智慧和灵性的孩子会带领人们走向和平和幸福的时代。

如果你没有一片土地，那怎么办呢？先来美化自己居住的环境吧。种一盆花，或者种一棵树吧，在你自己喜欢的地方，也许就在你家的阳台上。

祝福你早日拥有自己的爱的空间。祝福你早日拥有自己的祖传家园。

人物小传

慕亚伦，毕业于华东政法学院经济法学专业和对外经贸大学EMBA，和索南义西一起创立了三江源玛域草原凤凰牧场。

家庭农场：让农田凝聚心田

唐 亮

我叫唐亮，1986年出生于四川省成都市金堂县福兴镇的一个村子里。2008年，我毕业于西南大学生物科学专业。工作学习5年后，2013年我回到从小长大的村子里，和家人一起创办了唐家亮亮农场。农场占地面积30余亩，以家庭为基本生产单元进行日常的生产经营，从2013年到现在，已经8年多了。

在经营农场的过程中，曾经分散在各地的家人陆续回来，重新凝聚在一起。老人不再是留守老人，儿童不再是留守儿童，一家人在一起，在家生活，在家工作，照顾着这片土地，也被这片土地养育着。8年来，我们采用环境友善的耕作方式种植小黄姜、辣椒、胡萝卜等作物。在耕作过程中，我们也学着与家人，与这片土地，与这片土地中的生灵如何友好相处，耕农田，耕心田，用心与这个世界友好相待。

重新凝聚的乡村家庭

时不时会有人问我,为什么要返乡从事生态农业,农场的效益怎么样,我们的收入怎么样,待在村子里无聊吗,怎么样说服家人的,怎样在乡村可持续地生活……

不同的人经营农场会有不同的初衷,有的看重投资收益率,有的出于对食品安全的关注,有的源于一个田园梦,有的出于对某种精神世界的追寻,有的基于某种乡愁,有的出于保护环境的意愿,有的是基于乡村建设、产业扶贫的需要……对我而言,最初的想法就是想通过农场这么一个载体,让分散在各地的一家人重新凝聚起来。

我的爷爷去世得比较早,大伯、小伯有先天性的残疾,腿脚不太灵便,到现在也没成家,老爸在十几岁的时候就挑起了家庭的重担。20世纪90年代初,在我还很小的时候,老爸就开始进城找活儿赚钱养家,然后妈妈也到广东去打工。后来,弟弟初中毕业,也外出打工。其间,小伯离家出走,在外漂泊,直到2013年才回来。差不多20年时间,家人没有真正团聚过,有时甚至连春节期间都只有大伯一人留守老家,其他人则分散在全国各地。为什么很难聚起来?一方面路途遥远,大额交通支出令人望而生畏,不敢轻易回家;另一方面则是长期积累的家庭矛盾。

那些年,从小到大,我通过读书一步一步向外走:小学在村子里,初中在乡镇上,高中在县城里,大学在重庆,大学毕业后在重庆工作,再去北京工作学习。小小年纪,爸爸妈妈不在身边的时候,当然会想他们,担心爸爸妈妈还会不会回来，想着在家附近的山坡开荒种地，仔细盘算种出来的东西可以卖多少钱，想着如果自己多赚点钱，父母就能留在家里，一家人生活在一起。这就像是一个梦想，埋藏在我心底。

由于特殊的时代背景，在父母这一代人心中，乡村贫穷落后看不到未来，城里才是充满希望的地方。他们不得不外出打工挣钱，供我们上学，想着我们今后可以"跳出农门"，在城里安家落户。在求学过程中，特别是上大学后，农村与城市显而易见的发展差距，让我不断思考城乡关系和三农问题，也是在这个阶段，我看到温铁军等人的文章，对城乡关系有了进一步的认识。2008年大学毕业后，我先是在重庆的一家科技公司工作，逐渐偿还了大学期间的助学贷款。三年后，我辞去重庆的工作，怀揣返乡的梦想，前往北京小毛驴农场做实习生，学习农场的经营管理。当时实习生没有工资，只有每月600元的生活津贴。实习期结束后，我先后在小毛驴农场和分享收获农场继续工作学习了一年多，2013年正式踏上返乡的路程，去追求心中的梦想。

2013年是我回家的第一年，在外漂泊十几年的小伯也在这年回到家里，和我一起经营农场，做点力所能及的事。加上一直留在家里的大伯，我们三个人开始了农场最初的启动。回乡凝聚家庭是我的梦想，但它跟父母的梦想不太一致，某种程度上甚至意味着父母亲心中梦想的破灭。加上当地社会各种直接间接的舆论压力，一个念了大学的人又回到乡村种地，这事儿是不容易被大家理解和认可的。跟很多返乡新农人一样，我面临着各种困境。

改建前的老院落，近处爷爷辈建的房子已坍塌，后面是父亲这一代建的房子。

2019年在新房子前照的全家福

可即使不是返乡从事农业，在其他领域的创业，也都会面临这样那样的困难，理想的落地往往不会一帆风顺。返乡的时候，这个心理准备我还是有的，于是少说多做，不强求父母一开始就来支持和参与，相信他们会观察和思考，也许在合适的时候就来参与了。

有了农场这个载体，家庭人员就有了在家工作的途径。反反复复一番过程之后，从第一年3个人参与其中，到后面老爸、弟弟、弟妹、妈妈、媳妇儿陆续参与进来，目前已经有全职人员7人了（折算全职劳动力）。家里平时在一张桌子吃饭的人，也从最少时的1个人变成了现在的11个人（其中，60岁以上的老人2人，40至60岁中年人2人，20至40岁青年人4人，儿童3人），未来可能还会继续增加。短短几年，曾经分散二十年的家庭，终于重新凝聚了起来。家和万事兴，有了这么一个基础，家庭将会呈现出自身的力量。今后，家庭成员不论在家发展，还是在外探索，都可以相对从容地生活。大家组合在一起成就了这个家庭，这个家庭也将支持到每个成员。

友善农耕与农场经营

我在大学的专业是生物科学，对生态农业、有机农业有一定了解。虽然在书本上接触到一些知识概念，来到实践领域，还需要重新了解和熟悉。在北京的两年，我对乡村建设、生态农业、食品安全、环境保护等方面有了进一步的认识。从事生态农业，既可以生产健康的食材，又可以保护环境，还有益于自己和家人的身心健康，所有这些都可以在乡村进行，这是一件让我打心底认可的事儿。

我回家的时候只有 3 万多元的初始启动资金，以此为基础，通过家人们的努力奋斗以及众多伙伴们的友情支持，一步一步建立起现在的农场。在这个过程中基本实现了产销平衡、平稳运行，除了第一年亏损外，后面每年都能产生正收益。

好些小伙伴问我农场的经营情况怎么样，2013 年至 2020 年，我们的农场财务情况大致如下：

2013 年，农场毛收入约 3 万，亏损 3 万。

2014 年，农场毛收入约 20 万，盈余 10 万。

2015 年，农场毛收入 25 万，盈余 12 万。

2016 年，农场毛收入 30 万，盈余 12 万。

2017 年，农场毛收入 30 万，盈余 12 万。

2018 年，农场毛收入 36 万，盈余 15.3 万。

2019 年，农场毛收入 33 万，盈余 15.5 万。

2020 年，农场毛收入 39.5 万，盈余 19.8 万。

需要说明一下，这里的盈余跟企业会计核算会有一些不同，是指扣除农场当年的各种支出之后，剩下可以作为农场工作人员（家庭成员）薪资收入的部分。这样核算下来，人均收入 2000 元 / 月的样子，年龄大的家庭成员收入相对少一些，青年人的收入相对多一些。

经营过程中，我们建起一个基本成型的生态农场，一个软硬件设施基

农场的第四代堆肥池

家人参与农场建设的场景,这是在建沼气池。

本齐全的家庭，并在 2020 年年末偿还完农场和家庭建设的所有外债。同时我们照应到了两位身有残疾的长辈，让三个孩子不再成为留守儿童，还保育了 30 亩土地。这是农场背后的社会价值和生态价值，无法用直接的经济收入来衡量。

从直观的薪资数据上来看，我们收入相对比较低，不如家庭成员在外打工时的收入高。可有个奇怪的现象是，以前家人在外打工多年，却基本没攒下什么积蓄，家里的新房也一直没盖起来。这几年收入不多，却把房子建好了，还建起了一个生态农场。这些成就除了靠家庭成员本身的奋斗以及亲朋的支持外，也与我们这样的乡村生活方式，以及家庭与农场的建设思路有关。

作为一个小型家庭农场，我们没有多少可直接投入的现金。2013 年回家时，我只有 3 万多元的启动资金。这就决定了农场的基建不可能一次性建成，而是逐年投入。这样资金和人员的投入不至于太集中，不耽误农场的正常生产，也不占用过多资金，资源的调配尽量处于可控的区间内。

说白了，就是没钱。没那么多资金投入，请不起人，也添置不了什么设备，就得用自身劳动力代替资本投入。虽然辛苦点，但是每年逐渐完善的过程，也让我们看到了农场和自己的成长。这几年，经常有朋友来农场，来得勤的朋友就会说：每年来你家，都会发现比前一年多了一些变化。

说了农场基础建设，再谈谈农场生产规模和销售。返乡前我也观察过其他农场，发现求大求全的，往往容易出现销售不畅的情况，以及各种资金压力问题，所以我一直比较注意控制生产规模，不盲目扩产。第一年先是小面积地做生态种植的尝试，在实践获得成效的基础上，再逐渐增加生产种植面积，让生产量与市场消化量相互匹配，其他的地块就养着，要么种绿肥，要么休耕。

如果用术语来描述，这叫订单式生产：知道谁会买我的东西，会买多少量，我就大致按照这个量去做生产规划，而不是一下子生产很多，然后再来找市场、找渠道。所以这么多年来，农场基本没有什么产品积压，偶尔遇到小的波动，也都在可缓冲的范围之内，这样可以避免潜在的风险。农场的生产种植也会考虑品种选择、地理气候适应性、产品品质、市场差异性、市场认可情况等不同因素，尽量避免盲目生产。

经常有人出于好意对我说，要扩大规模，开连锁农场，争取外部投资，获得规模效益等，认为这样才算获得事业和人生的成功。但我对开多少连锁农场，占领多少市场份额没有什么兴趣，甚至对要赚多少钱也没什么兴趣。这既是出于我自己对农业的认知（这不太可能是一个赚大钱的行业），也是因为我不想让一个小家庭农场变得太复杂。

在不同的地方、不同的社会条件下，各个农场的规模会不太一样。基于我自身的认知，我们国家即使能够在2030年左右实现70%左右的城市化率，届时仍有4亿左右的乡村人口，差不多1亿户左右的农户家庭。参考我国的耕地总量，也就是说，差不多户均20亩左右的耕地面积。其中，北方地区单位耕地面积会相对大一些，南方地区单位耕地面积相对小一些；平原地带单位耕地面积相对大一些，丘陵和山区单位耕地面积相对小一些；大田粮食作物单位耕地面积相对大一些，经济作物、特色农产品作物单位耕地面积会相对小一些……不能一概而论，但会有总人口和总土地资源的客观约束在那摆着。

另外，既然是家庭农场，农场的工作量就应该是一家人基本可以完成的，而不用太依赖外部劳动力，农场的面积应与家庭人员及其生产力水平相适应。加上农业生产对象本身的生命特性，在这样的家庭农场方式下，农场的工作安排也会相对灵活自主，不用那么赶时间。农场面积太大了，就会超出家庭力所能及的范围，就不得不调整生产组织方式，进入另一种模式。经过这些年的观察和实践体会，希望今后可以看到更多像我们这样的家庭农场，有更多这样的家庭、更多的"亮亮农场"，而不是少数的大农场。

目前，我们30亩地的农场，7位全职人员的学历结构是这样的：小学未毕业1人，小学学历2人，初中学历1人，在职大专1人，大学本科2人，其中3人考取了"成都农业职业经理人/新型职业农民"证书。学历方面高低搭配，老年人与青年人相互配合，共同完成农场的各项工作。通常情况下，企业经营过程中一般是需要什么人才就有针对性地招募相对应的人才，而在家庭农场，我们则会基于农场现有人员来做事：有什么样的人员，就做什么样的事儿，在这个过程中，鼓励大家积极学习成长，让家庭人员有生命的成长感，也为农场的进一步发展储备人才。

经过八年时间，我们基本完成了农场和家庭所需的各种基础建设，或者说是物质文明建设。接下来，在继续优化升级硬件的同时，我们会逐渐偏向农场和家庭的精神文明建设，也就是增加家庭成员的生活幸福感，同时探索未来的可持续生活，而不是追逐更多的物质财富。我们的目标很简单：既幸福地生活着，也照顾着这片土地，让这里的人和这里的生态环境相依相存，可持续地生活。

农场与家庭，生产与生活

家庭农场是家庭和农场的合一，表面上是在经营一个农场，背后更多是在经营一个家庭。农场家庭既是家庭，又需要超越家庭；家庭农场既是农场，又需要超越农场，两者结合才能形成有机的整体。

如果家庭农场单纯以家庭生活的状态存在，有时候会比较散漫随意，不利于有效组织和经营。农场的经营管理需要一定的方向和经营管理制度，这样才能集中力量有效做事。单纯以农场的工作状态存在，必然会有相应的组织管理和规章制度，对于农业生产和乡村生活的特性，这些又可能会存在一定的僵化性，影响个人和家庭的自由度。在实际运行过程中，我们常会在不同层面之间取舍，尽量避免或化解其中不利的部分，充分促成其中的整体性力量，让个人、家庭、农场相互支持，形成合力，达到良性的互动运行，避免分崩离析的负面力量和吃大锅饭、过于依赖他人的现象。

时不时有人问我："2000元的人均月收入够用吗？你们是怎么生活的呢？"确实，相对于我曾经的收入，相对于成都6000多元的社会平均薪资水平（如果按中位数薪资算，大致也有4600元/月），我们的现金收入

2015年建的新房子

地里产出的各种蔬菜

确实是比较低,如果同北上广地区相比,这样的收入就更低了。可其实,赚钱是用来花的,来看看我们家里的日常支出吧。

首先看吃。因为就在家里,有土地,大部分的食材可以自给自足,只需要自己付出一些劳动,地里就可以长出各种各样的食材,而且还是上好的食材。这一点跟在城里几乎什么吃的都要花钱去买很不一样。也有些食材是家里没种,或者种不了的,想尝个鲜吃点特别的,才会采购一些。粮油、蔬菜、水果、家禽(鸡鸭)、家畜(猪)、鱼、香草、花卉……这样一种庭院经济的生活方式,少支出的就是自家挣的,还可以提升生活品质。就是得注意,庭院经济这个部分种类可以多,但每种的数量不要太多,仅供家庭生活所需,适量即可,过多容易造成工作和生活中不必要的压力。换句话说,这是一种自给自足的生活方式,属于家庭农场日常生活的部分。

其次看住。除了建房子花钱,这个部分就基本没多少开支了。而且自家盖房子的成本,大概只有成都市区买房子的10%,住的还是"独栋别墅"。虽然房子似乎没有什么升值空间,但对于自身居住的刚需,这栋"别墅"完全可以满足。

医疗、教育、养老等福利需求,当地也有基本的社会保障体系。小孩可以就近念书,平时有个小意外、生病啥的,在附近就医即可。乡镇地区这些方面的软硬件条件、整体水平比大城市逊色一些,但基本功能还是具备的。城乡社会的平衡发展主要依靠政府部门对社会公共资源分配的再平衡,希望这些方面的城乡差距可以逐渐缩小。

一家人在一起,既方便给孩子补充家庭教育,也方便老人在家养老。

生活在乡村，良好的心态、食材和生活环境，可以把这些方面的风险和成本降低。

穿衣方面，只要不追求名牌和时尚，人们的支出也不会很多。

出行方面，我们大部分时间就待在乡村，这是一个天然的大公园。当然，我们平时也会外出参加一些活动，比如参加市集、一些培训学习以及走访交流，就把这些当成是出门旅游了。

这是一种植根于乡村的生活方式，既有自身的内循环，又与这个世界联系着。如此下来，虽然人均月收入只有2000元左右，可能全家人的收入还抵不上城里某些人一个人的工资，但一家人在家工作，在家生活，相对支出也不多，消费上并没有城里那么多的虚荣和泡沫。

这样一家人在一起的乡村田园生活，也是我喜欢的一种生活方式。生活方式的满足，很难用金钱来衡量。一家人的收入，够盖个房子，支付孩子教育、父母养老、普通的医疗支出和日常开销，也能出门转一转，再给农场追加一些硬件设施，也就差不多了。这样的家庭农场，谈不上赚大钱，但也可以承载一个相对稳定的乡村家庭。要想发大财，我们肯定无法停留在这么一个小家庭农场的状态。

在这个大家庭里，我们努力做到既尊重和照顾到每个人和小家的独立性，又发挥农场和家庭的整体性。每个人或者说每个小家庭各自的财务也是相对独立的。大家共建一栋房子，共用一辆车，不需要什么都置备两套或多套，无形中也就降低了一些支出。如果需要家庭公共资产投入，比如要买一个冰箱，家里就共同筹钱买，将合作的力量发挥出来。在当下这个

父母亲和弟弟在地里采收生姜

村民们一起参与社区小建设,不少老人也加入进来了。

强调个体独立、强调小家庭的社会中，似乎有点逆向而行的感觉。一个大家庭里，各人年龄、文化程度，甚至成长背景和生命状态其实都不一样，要怎么把握尺度、解决不同家庭成员关心的问题，让一家人可以安心生活，需要全家人的共同努力。

这几年下来，家里逐渐形成了垃圾分类、厨余堆肥、茶籽粉/米糠/玉米面洗碗、餐前感恩、使用公筷等生活习惯，这些都潜移默化地影响着这个家庭。而在家庭的外面一圈，是一个扩大了的"家"——社区，在乡村生活，我们总是身处在某个社区，有了自身的存在、家庭的温暖后，我们也在思考如何与所在社区建立连接，形成社区感，所以做了一些社区共建的探索，接下来还会更加深入。

修身、齐家、治国、平天下，这是中华民族的一种精神传承。让自己安心，让家人安心，照顾着一片土地，做一个对社会有益的人，我的想法如此而已，这也是这个家庭这个农场所正在实践探索的事。

人物小传

唐亮，毕业于西南大学农学与生物科技学院生物科学专业，唐家亮亮农场负责人。

从一个农场到一个联盟

方 永 兵

我叫方永兵。在生态农业圈,许多人都认识我这个三十多岁就已经满头白发的中年大叔。在从事生态农业之前,我在上市公司、高校、医药公司、商贸公司工作过,按照常规路线,后半生应该以职业经理人的身份安心踏实地待着,直到退休。

2009年,食品安全问题日渐严重,网上随处可见现实生活中爆发的食品危机,铺天盖地的新闻笼罩着许多有小孩的家庭,我们也不例外。

我家菜园

我出生在安徽农村,在那前后跨越30多年、考上重点本科一只手都能数出来的地方,我是少数几个真正"跳出农门"的骄子。相较幼时在乡下，每年种植和收割都参与其中的我，我的儿子成成对于乡村生活是没有任何概念的。

食品问题的爆发让作为父亲的我非常担心儿子的健康和成长，"一夜之间，仿佛什么都不能吃了"。回想起在乡下吃自己所种食物的安心和踏实，多方考察之后，我决定自己去租两分地，自己种，不用农药，不用除草剂，还原最健康生态的种植方法，给孩子和家人吃，安全、放心。

我偶然间向四位友人提起这个决定，没想到大家都有这个想法，一拍即合，一人几分，共攒两亩一块种。最初大家想得很简单，找块地，我教大家种植，该生根发芽开花结果顺着时间来，到点收成就行。

然而令友人们没想到的是，光是找地就挫折不少。第一块地找在郫县唐昌留驾村，被自来水厂抢去了，第二块地找到了双流大林村，又被天府新区规划进去了，终于一年多过去，找到了第三块地，位于新津，也就是后来的"我家菜园"。

找地的坎坷令四位友人打了退堂鼓，意识到种地其实没有那么简单。后来，大家商量决定，由我负责种植，大伙儿进行购买。就这样，"我家菜园"第一批会员入会，成员四人。

第一次配送是 2013 年 6 月 1 号。我记得特别清楚，为四个家庭送上当时种植的青椒和番茄时他们都很感动：竟然真的收到了自家菜地里的新鲜食材。

后来又有许多家庭开始强烈要求我供应蔬菜，地里用于标识会员专属的牌子也越插越多，我"被迫"由一个白领转行做农民，开始认真经营

"我家菜园"。

"我家菜园"成立之后，我定下了 CSA 会员制模式，这个模式拉近了生产者与消费者的距离，增强了彼此之间的信任。随着会员们不断增多，我发现仅仅满足于种出生态安全的产品是远远不够的。要增强消费体验，其他方面也要跟上，最直接的就是丰富所种植的品种。为此，我用了 3 年左右的时间，研究了几十万字的资料，试种了 60 个左右的品种，最终选择了其中约 30 个品种丰富到农场种植序列中去。

> CSA 即社区支持农业（Community Supported Agriculture）。

品种的丰富，使"我家菜园"成为全国生态农业圈中小有名气的"品种最多"的农场。这也是农场为了更好地生存去尝试做的加法。

为了农场的生存，我还要努力扩大会员基数。写微博，做公众号，在朋友圈展示农场的点点滴滴，参加推广活动等，都是希望农场能早日实现拥有 200 个会员的目标。然而，随着会员数量的增加，一系列细节问题也慢慢出现。更多会员意味着更多的个性化需求，而人手的严重缺乏使得我们难以满足如此多的个性化需求，虽然农场在不断进步，但仍然感觉疲于应对。

为此，我开始重新认真审视 CSA 模式，发现无论如何努力自我提升，总是难以满足消费者日益增长的需求，一味增加会员数量，只会积累更多的问题。不如保持一定数量的会员，留出精力，慢慢完善更多细节，使既有会员的体验慢慢提升。

于是，我开始逐步做减法，最终确定把蔬菜配送会员数量始终控制在90户以内，不再刻意引进新的产品品种，多余出来的产能，用于扩大种植经过市场验证且能够突破时空限制的三个优势单品：一号大米、奶油南瓜和甜菜根。尤其是大米，我们死磕数年，才让品种达到让自己满意的程度。

玖 农生活

从事生态农业 7 年以来，我见证了不少新农人在这个行业里进进出出。很多人觉得生态农业门槛极低，只需要下地刨土即可，在我看来事实完全相反。风吹日晒、严寒酷暑，这些都不是最难的，辛辛苦苦种养出来的生态产品，不仅乏人问津，而且误会多多，这样的场面让大多数身兼数职的农人疲于应付，更难以面面俱到。

时至今日，生态农业仍是极其小众的存在，生态生产者几乎不可避免地遇到各种怀疑、不解、嘲讽或反对。加之生态农业仍然处于艰难、无序发展的初级阶段，供应端盲目无序，产品商品性差异明显，包装千差万别，配送环节问题多多……每个生产者为了生存下去，不得不变身超人，需要"上知天文下知地理，前知 500 年后知 50 年，懂生产会管理，能规划会带队，懂设计会包装，能销售会售后，通物流精财务……"哪一环出了问题，都会步履艰难。

可是，人的精力毕竟是有限的，能力也有差异，擅长的方向各不相同。在极大的生存压力下,多数农场主都疲于奔命,左支右绌,在外人看来精彩丰富的生活,个中滋味,一言难尽。坊间流传着一个数据,生态农业领域,95亏4平1赚,如何破局呢?

靠竞争吗?生存艰难,竞争客观存在,但是如何竞争才是正确姿势?当然不是贬损他人,抬高自己,那样抬高的自己,并不能真的提高,也不可能长久获得优势。只有自己不断提高自己所形成的优势,才能拥有可持续的优势,也才能在竞争中保持领先。除了竞争之外,加强合作才是更好的方式。

2017年1月,川渝14家农友齐聚一堂,畅聊生态农业的酸甜苦辣。几个月后,我参与促成其中9家成员联合发起共建平台——玖农生活。

玖农生活不是一个销售平台,准确地讲是一个综合服务平台。除了玖农的生活馆外,并不做一分钱的销售,不与成员及其他农友争夺消费者。那么它存在的意义又是什么呢?如前所述,所有农场主都不得不当超人,因为做超人既不科学,也不现实,几乎无人能胜任这样的定位,社会化分工在生态农业领域中因为种种因素制约,目前也推行不佳。但是,玖农各个成员在进入生态农业前却分别干着别的行业,有开过影楼跑过销售开过店的,有做过财务管理的,有当过副总的,有做过医药采购的,有做过地产策划的,有开过厂的,有做过工程开过私房餐厅的,有当过老师的……每个人都有自己擅长的方面,为什么不可以取长补短,抱团发展呢?

专业的人干专业的事,不专业的事交给团队其他专业的小伙伴,把自己专业的事情做得更专业,这是玖农生产端成员的共同期待。而消费端成员则期待通过玖农的专业，更好地解决自身对生态食材的需要，更希望见证玖农各成员农场能更好地持续下去。

玖农生活各成员虽然都经过多年的生态农业磨砺，艰难地活了下来，但因各自的精力或短板，在很多方面依然有待提高。有的包装太差，有的技术不足，有的文宣欠缺，有的售后不力，有的规划不明……种种客观现实使得各农场即便维持下来，依然步履蹒跚，难言轻松。几乎少有人实现自己当初投身生态农业时想要的那种惬意状态。

我们自己有所产出，却往往会因为各种原因，不能很好地服务到消费者，造成大量浪费与损失。消费者花费大量时间和精力，却仍难以找到更多值得信赖的生产者或平台。双方都急需一个能代表各自诉求的平台出现，帮助解决问题。

为此，玖农生活专门成立了运营和品控团队，以修炼自身和各成员的内功：每个月，组织一次农场互访活动，为每个农场的问题把脉诊断，出谋划策；定期培训，全方位提升成员农场的技术、销售、品牌建设、供应链优化等方面的能力；统一宣传，提升每家农场的知名度；结合每个农场及产品特点，专门设计包装及供应链方案，提升产品美誉度；共同推广，互助销售，使每家的产品能够满足更多消费者的需要；共建共享，孵化公共品牌，强化农场自有品牌；协力良心农友，扩大他们的销售范围，增加收入来源；传播知识，增强消费者识别生态好产品的能力，减少消费风险；倡导环保，提倡可持续生活方式，减少环境压力……

不到一年的时间，玖农生活及成员农场协助友善生产者推广约 70 次，

农场的两款主打单品：左为奶油南瓜，右为气泡米酒。

涉及全国近30个生产者，增加销售约600多万元，满足了消费者更多元的健康生活需要，也为消费者节约了近90万元不必要的开支。部分产品在圈内形成较大影响力，比如小郑农场的松鼠蕉、荔枝，新疆半亩园的供港有机番茄，稻城小产区的松茸，廖钧大哥的有机果冻橙，哥哥农场的手作生态红烧肉粽子，以及每年的车厘子、翠冠梨、苹果、耙耙柑和不知火柑等，在一定程度上协力了农友，也帮助了消费者。

在这个过程中，玖农的成员农场里，也涌现出一些提升很快、增速明显的农场：鹿溪农场转型后，用一年左右的时间，基本上已经站稳脚跟；哥哥农场在深知CSA之路艰难的情况下，背靠玖农伙伴，依靠加工，另辟蹊径；绿森源农场在持续的禽流感冲击下，凭借玖农伙伴群策群力，缓解了压力，另外开发出了无添加藕粉，借助玖农打造的品控和运营，更好地服务消费者，挺过一劫；红领农场在整个农场被划为禁养区、主营生态猪业务无法继续的情况下，借助玖农多位成员的支持，顺利过渡，同时，玖农的首场农场互访及诊断会也为红领农场另辟了皮蛋加工的路子，目前已经立项，将会在各环节全部完善后推向市场，所有成员将共同参与销售和推广；憨豆农场在原来"什么水果都有点，却样样都不多"的情况下，经过所有伙伴的共同探讨、分析、共助，目前基本形成了"红薯担纲，黄桃并进"的局面，玖农其他成员因此普遍减少了红薯种植，共同推广品质更好的憨豆农场蜜香薯；乡村印象农场也慢慢形成了"面+猪"为主的发展局面，同时，产品包装得到根本性提升……

目前，玖农成员共有15位，分布在川渝滇三省。其中消费者股东3位，生产者股东12位，直接保护或参与协助保护的土地面积已逾2000亩，各成员在农场经营过程中，直接带动了超过200位村民大幅度增收，直接缓解了全国超过6000位消费者的食品安全困扰。

各成员抱团取暖后，玖农可以集合大家的力量，共同采购生产及包装材料，分享富余的生产物资，共同与快递公司洽谈合作事宜，共享一些渠道资源等。目前，玖农生活联合京东快递，在整个西南地区及陕甘两省开立了玖农的总账号，分布在该区域的各成员或兄弟农场，均可共享玖农总账号的快递政策。玖农生活还与品骏快递展开紧密合作，在川渝两地和江浙沪皖一带推行落地配，又快又好又省地将生产者的生态产品送达消费者手中，大大提高了时效性及体验感，也节约了消费者的开支。下一步，我们将在此基础上，着力解决京津冀和粤桂地区的落地配事宜，为这两个区域的消费者提高时效，增强体验，节约开支。

再说玖农生活馆，这也是我和玖农成员们的一种新尝试。很多有机食材馆把销售作为主要方向，但现实生活中，有机农业是非常小众的存在，1%的基数很难支撑一个生态店的生存，更何况现在门店租金、人工成本、设备投入等节节攀升。多数中小型生态农场，能生存下来已属不易，再去开一个生态食材店，其压力难度可想而知。

中小型生态农场与消费者之间的联系，往往倚重于网上沟通，消费者的线下消费体验和对农场的了解相对较少。基于这样的事实，玖农生活馆将重心放在销售之外，主要为了增强消费者体验，进行生态农业的科普与引导，传递正确的生态农业理念与知识，更好地满足周边消费者的需要。因此，生活馆以展示、配送、体验、科普、沙龙等为主，做每一家农场的窗口和阵地，玖农成员的产品在同等条件下有优先展示的机会。这里是生产者们把酒话桑麻的场所，也是消费者接触生态农业、了解生态农业的空间。

玖农生活馆与玖农生活服务平台一样，更多是为各家成员、友善农友提供各自力所不逮的服务，也为整个生态农业圈培养、转化新的消费力量，在生态生产者与生态消费者之间构建长效、兼顾双方共同利益的运行机制，既保障良心农人的生存与尊严，也保障友善消费者的正确消费。通过平台的专业素养，消除一些信息不对称的偏差，让消费者能以合适的价格，获得良心农人生产出的、真正生态的安全好食材。

这么多年来，曾经想要改变世界的我，慢慢冷静下来：改变世界太难，也非一人数年之功，要想让生态农业有更好的未来，唯有更多志同道合的农人合力推进，共同成长，才有希望。生态农业的发展与生态行业的进步，其实是一样的道理。生态生产需要投入大量的资金与精力，从改良土壤做起，去营造生物多样性，重构大自然的生态平衡。生态行业发展，也需要切实改良大家共同面临的社会环境，认认真真为社会信任添砖加瓦，提升自己，优化细节……没有捷径。

人物小传

方永兵，毕业于西南财经大学，2012年开始创办成爸菜园，采用CSA模式践行生态农业。2017年联合其他8家农场发起成立玖农生活，2019年发起成立四川众耘产消生态农业专业合作社。

第二章 上下求索

在返乡的路上,起点和终点往往清晰,道路则相对模糊。正因如此,很多新农人陷入困境,苦苦寻找方向,道路的不确定性却也给了他们足够多探索的可能性。他们历经磨难,不断砥砺前行。

也许,在上下求索的途中,他们的未来会越来越清晰,但也有可能走进新的迷雾之中。不管如何,也许这段历程本身就足够精彩。

历尽磨难,我依然选择生态农业

梁峻杰

寻找自己的人生

我是在黄土高原的山里长大的孩子,喜欢山,喜欢黄土高原,喜欢在山花烂漫的山里野着。

我的家乡位于晋陕蒙接壤带,目之所及,高原上是层层叠叠的梯田,民居聚落顺势而建,建筑取材自黄土高原的石头和黄土。我父亲是一名农民,也是一名石匠。他时常去邻近的山西各村庄做工,锻打石磨和碾子,也给人砌窑洞。窑洞的窑面取材青石或者黄色面石,用錾子雕刻花纹而成,在我眼里,这是世界上最美的图画。每一次窑洞合龙,在鞭炮声中,小孩总是钻在大人们中间抢着吃主家点着红点的白面馍馍。

小时候很多记忆都与食物有关。在我们那里,人们常吃燕麦、荞麦、糜子米、黄米年糕等粗粮饭食，佐以夏季和秋季自家窑院里栽植的蔬菜，其余季节，最主要的食物大概就是土豆了，我们老家人管它叫山药蛋。土豆是一种可以切成丝、条、丁、块、片、球等形状的食材，母亲总是变着法子给一家人做土豆吃。我最愁的就是每次到地窖里取土豆，因为害怕里面的蜘蛛、蜈蚣、多足虫，甚至青蛙。

新雨过后就到了春季，我们总爱去山里捡一些地皮菜。夏季采一些扎蒙花，用胡麻油炝拌一下，凉拌黄豆芽和苦菜，那可真是一绝。还可以煮食一些蚕豆角和豌豆角，解暑最好莫过于黄米凉糕和糜子米酸粥了。秋季推着木制的独轮车，去山里或者沟里采一些沙棘果。冬天里要吃从大瓮里天然冰冻过的黄馍馍和海红果。这些四季轮回的生活场景常常温暖着我，慰藉着我。

直到初中，无论寒暑假，我从未走出大山，也没有机会旅行，一直跟着大人做农活。大清早用辘轳绞水，在晨露和烈日下锄地，初春淘粪，用镰刀割庄稼，用铡草刀给骡子铡草。一直觉得，农活虽艰苦一些，但锻炼了我抗挫折和解决问题的能力。高中四年，我就读于县城职业高中的农学班，大学也就读于农学专业，后来辍学辗转于多家农业公司工作，销售过杂交种子，也销售过化学肥料。

2006年，我开始做跟玉米杂交种有关的工作，那时候，我到处跑销售，冬天回到厂子里做一些生产的事情。杂交种需要种衣剂包裹，目的是预防地下虫害，厂房里总是弥漫着种衣剂的灰尘和味道。每当我戴着橡胶手套，小心翼翼拧开那些盛满绿色、红色、蓝色浓稠液体的种衣剂的大塑料桶时，就隐约觉得像是传说中的各种青嘴獠牙、赤面红发、令人生畏的恶魔恶煞，"刺溜"一下顺着桶口扑到人身上来。不间断地接触种衣剂，导致我小腿后面的皮肤开始起红疹子，奇痒无比。

2008年销售液体肥料，我又在一个个蔬菜基地，背着喷雾器一遍又一遍地喷施肥料，做对照试验，以便说服种植户购买。这样做很有效果，可每次汗流浃背，猫着腰从大棚里钻出来时，我会迫不及待地把脊背上的喷雾器卸下来扔在一旁，大口呼吸和大棚内味道完全不同的空气。每到这时候，我的内心都会有些讨厌自己。

工作这几年最开心的记忆，是有一次我到河套平原一家种业公司下乡住宿。那是我第一次吃到最纯正的河套面食。虽然只待了两个月，但那家的老乡对我们特别好，每天换着样子做吃食，烙饼、馒头、花卷、面条……平常农家做法，配一些简单农家菜园食材，烹调出来的饭菜却永远那么可口。现在想来，我对那个盛夏的乡间美食仍然充满感激。

于是我的内心逐渐生出一个想法：要往健康农产品这条道路上走。俗话说"靠山吃山，靠水吃水"，在这黄土高原上，我们还能靠啥？能够依靠的，就是这山川梁峁沟塬畔上的各种家乡风物吧。这里有非常好的粗粮和野生林果等资源，如果我们按照新鲜、真材实料、无添加的品控收购，把乡村优质的农产品贩售到城市，也算是抓住了一个商机。过去一年到头四处出差，三餐吃快餐，接触各种化肥、农药、除草剂的经历让我深知，农产品安全是一个大的社会问题。

2015年，我风风火火地注册起公司，注册了"寻乡道"的品牌，到今天，一干就是6年。

 创业的磨难

细数创业这6年我经历的磨炼，用"九九八十一难"来形容也毫不夸张。

想走捷径，可能是多数创业者刚开始都会有的心态。2015年正是自媒体、社群营销、爆品训练营、文案训练营等新兴事物"群魔乱舞"的时候，我一度非常痴迷这些东西，有两年真金白银花钱花时间在这些事上。下广州，上北京，到上海，参加一场又一场的"行业盛会"。每次在飞机上看着舷窗外大朵的白云和蔚蓝的天，心中傲娇而虚伪地想着，创业的事迟早要做成。

可到了晚上，我坐在电脑前，挨个打开平台登录账号，查看发布的文章，累计打赏金额连100元都不到。文章也没带来更多的顾客，一个月的销售额连5000元也达不到，我却还期望在一个社群会议里，得到一句能打开网店宝库的神奇咒语。仿佛有一种瞬间被人从3万米高空直接扔到峡谷裂缝的感觉，痛定思痛，我决心回归到产品本身。

选品是创业早期的关键。我的家乡属于旱作农业种植区，粮食作物多种多样。一开始我把燕麦米、荞麦米、大黄米、糜子米、胡麻油、小米醋、豌豆面、河套面粉、沙棘原浆等都拿去销售。这样折腾下来，每个单品都能卖一些，但哪个都卖不上量。这些初级农产品重量高、体积大、准

入门槛低，很难跟同类产品做出差异性，毛利率也低。

于是我转战加工品，想着加工品体积小，重量轻，毛利好一些。我先后尝试了黄馍馍、黄米凉糕、黄米年糕等，这又涉及生产准入考核、配方和保鲜等问题，每个问题都需要用心攻克。目前这些产品还在陆续优化，但我们依然没有放弃探索和尝试。

历经这些尝试，我得到的教训是，如果没有与众不同的优质单品，用户流失率很高。初期选品方面，还是要做减法，在资源有限的情况下，不能冒险做那么多产品，应选出有潜力的单品，把它做透彻，最好做成该品类的代名词。跑出好的销量和现金流，站稳脚跟以后，再陆续出新品也不迟。

要制作加工品，在加工环节要考虑初期是否需要在硬件做大额投入。我们的燕麦米和小米，最早在村上磨坊简单去壳，但石头、小沙混杂，很难处理。于是我们花2000元在网上买了一台清粮机，但未能实现有效筛选的效果，最后闲置成了没有人要的废铁。后来，我们把燕麦小米拉到县城中型粮食加工厂脱壳，用较少的花费，反而轻松滤掉了石头和小沙。

产品要想进驻线下商超和线上大平台，还需要获得食品生产许可证。为此，我跑了好多代加工厂寻求合作，有的包工包料，有的来料加工，有的只包工不包料，有的还需要捆绑印刷50000甚至更多个包装袋，更有的干脆看不上这点利润。即使有加工厂乐意做，也要留心他们是否觊觎你的客户资源。体验过各种模式之后，我发现初创时期采取包工不包料、小批量多频次加工出货的方式，相对合适一些。这样原料自控，产品新鲜，库存周转率更乐观。

和加工相关的是产品设计,在成品输出前,一定要下狠功夫钻研前端所有环节。试做一款空心挂面时,我把加工点定在陕北的吴堡县,面粉和盐分别从内蒙古和青海运来,成品后发回呼和浩特,来回物流就占成本的30%。考虑到要降低客单价,我把挂面规格定在最低重量200克,申请了200克条形码,印10000张封装纸。即便这样,测算出来的成本也要将近6块钱。零售价定为10元显然不可能,因为零售价格到8块钱的时候,渠道就已经不愿意卖了。我感到骑虎难下,只能将两包200克挂面装在精美的纸盒里,再申请纸盒条形码,把零售价定为15元,这是不得已的补救办法。

我们的另一款产品海红果果饼,也在规格方面犯了大忌。休闲零食装

海拔1400米的高原农场

300 克，用的还不是拉链袋，导致用户打开一次吃不完，装进包里容易滑漏。更要命的是，产品太重，相应的客单价就高，导致终端动销不好。于是，我们把后来的新产品改为 108 克的拉链袋包装。所以在开发产品之前，就要先想清楚产品是卖给谁的，这些人能接受什么价位的产品，计划通过什么渠道进入哪里，由此确定产品的规格，包材用什么材质。这样提前规划好之后，再系统地梳理思路。

在包装设计方面，我们交的学费也不少。最初，我们卖的黄小米是一个塑料袋贴一个不干胶。因为量小，所以品控不错，用户反馈也不错。后来就有用户说，你们的产品不错，但是包装太低端。于是，我们就筹划设计新包装。可是光设计一个单品，就要向专业设计师支付 6000 元到 10000 元。为了节约资金，我连续看了三年毕业生设计展，物色出好几位学生设计师。他们收费较低，可做出来的设计稿和商用标准差距很大。没办法，我又去国内几大设计师网站上寻找合作伙伴，最后却发现还是解决不了根本问题，因为设计师如果感悟不到当地文化，设计出来的效果还是和你想要的有一些距离。幸运的是，我们最后找到一位山西设计师，彼此理念趋同，他还能把岁月的拙朴和食物的美好用视觉元素呈现出来。

这样的经历让我感到包装设计还是要回到产品本身，针对用户需求，最大程度地展示产品特点和文化特征，做与自己现阶段能力和产品形态相匹配的包装即可，不敷衍了事，也不过度强求。等电脑上的设计稿做好了，一定要预留打样时间，否则中间一旦有需要调整的地方，就回天无力了。

前面做过的所有环节,最后都要通过销售来实现。最初,我主要是在线上销售——开淘宝店铺,因为我的目标客户主要来自省外的一、二线城市。为此我在电商园学习了小半年的拍摄、修图、平面设计、价格设计等,经过一年的努力,店铺做到了4钻级别。可随着短视频的发展,之前学习的知识都需要更新,店铺也需要烧钱买流量、排名,来促成转化和成交。前端获客成本增加,后端带来的销售额未必能覆盖掉这部分成本。后来的各种网络平台,我也都尝试过,但没有带来多大销售额,反而耗费了大量时间。

2020年,我计划集中精力拓展线下渠道,原本想前往北上广等主要客户所在的城市,可由于疫情影响,不得已转而发展本地用户,每天骑着电动车,拉着货,轮番拜访便利店、粮油店、特产店和社区生鲜超市等。由于我以前积累了多年的线下销售经验,这方面的投入很快带来了不小的起色,尤其是在高端社区零售店和特产店两类店铺。虽然我的产品价格比同类型的本地店铺高出不少,可由于品质良好,很快就获得正向现金流。

运营微店5年来,经统计,店铺共成交500多笔交易,客单价100元左右,C端个人用户比较零散,想增加交易额也很困难。B端的企业客户虽然只有几个,但对销售的贡献率非常高。所以,无论线上还是线下,B端还是C端,孰优孰劣,并不能一概而论,要结合自身资源和能力,找到合适的方向。

团队搭建这件事也是如此,不能为了搭建团队而搭建团队。创业初期,资金有限,很难吸引优秀同行者,一些环节可通过外包合作完成,比如设计、摄影、生产、加工、仓储、包装、物流等，自己则集中精力把最核心的销售工作抓好。

创业六年，我一直没有找到很好的盈利模式，累计直接资金投入接近 50 万元，算上时间成本和人力成本，应该接近 100 万元。开始的时候我是拿自己的钱投，3 年后就投不动了。在急需建设团队、共同合作的阶段，我接受了投资人的一笔融资，期望投资人以团队成员的身份加入。可实际上他时间精力有限，只能提供资金上的支持，对此我一度感到失落。现在回想起来，初创企业在接受投资时，一定要分清自己需要的到底是资金还是其他方面的资源，和投资人能够投入的资源是否匹配，不要盲目地为融资而融资。

归根结底，还是要做出一个有竞争力的产品，如果有很好的现金流，融资就不是那么迫切的事。我需要反复拷问自己，在不融资的情况下，怎样可持续地推进事业。

转型生态农业

2016 年 4 月 19 日，致良田农场组织的西北农友交流会，为迷茫中的我隐约指出一条路——生态农业。可转型做生态农业，土壤需要 3 至 5 年转换期，我反复思考：首先，过渡阶段的投入和费用怎么解决，会不会让已经深陷债务泥潭的公司和个人生活更加艰难？其次，各个生态农产品销售平台到底需要什么单品？结合地域情况，我又能拿出什么单品？最后，生态种植技术，我是不是已驾轻就熟？品质好、产量高，又能卖上好价钱的产品一定能生产出来吗？

一番拷问下来，我觉得还不能冒进，于是城里和村子两头跑，农忙季节回乡务农，其余时间在城市做其他工作。

2017年，我有幸参与了"西北新农人学习网络"两年六期的系统学习，到一线城市的有机农夫市集、乡建领域的学校、三产融合的农旅小镇参访，充分打开了视野。生态农业远不是无化肥无农药种植那么片面单一，它能延伸到文旅、研学等很多后端的产业。除了对土地河流友好，还把健康食物分享给他人，使人和人重新建立关系，让更多的人过上快乐、滋养、有意思的生活。这应该是我一直想转型生态农业的缘念吧。

西北新农人学习网络中有好几位学员也学以致用，在各自农场做出了特色，有的在农场融入了亲子教育，有的做研学活动。看到他们做得有声有色，让农场逐渐扭亏为盈，我也在2020年下定决心，转战生态农业——建设独立的生产基地，在此基础上，利用周边黄河、古村落、黄土高原的独特地理地貌和风土人情开展研学活动。

去年，我在家乡的土地上种了4亩鹰嘴豆和1亩小麦。黄土丘陵区的梯田，分散且坡度较大，播种机和收割机很难作业，驴和骡子拉着耧和犁铧播种是常态，收割就是镰刀人工割。我在寒冷的春风春雨中完成播种，有的老乡说：你加一点化肥也无妨，检测机构未必能检测出来。我无奈地笑笑：人家机器很灵、很准，能测出的。

夏天鹰嘴豆被喜鹊狂吃，小麦也是一半苗子一半草。城里销售不能没

西北新农人培训期间我（右二）和同伴们在西安碧山工销社学习参访

人管，村里地顾不上锄，结果临近收获前一周才拔了一遍草。三个人拔了三天，我姐夫还笑着说：工地做工一天200块钱，我们三个人1800元，可你这地连种子也打不回来。后来测产鹰嘴豆70斤，确实刚够种子回本。幸好小麦的亩产还不错，有300斤。我畅想着下一年在周边找一块相对平缓的种植区大面积种植，应该会大丰收，特意留了一把金黄的麦穗做纪念。

抱着那一把穗子，我想起河套平原上令人回味的可口面食，想起小时候胡麻油鲜葱花卷的香气从锅台上弥漫到整个窑洞，也想起我的孩子曾问我馒头从哪里来，是用什么做的。那时我认认真真回答"是土地上的小麦磨成面粉、蒸熟做成馒头",内心却极不是滋味。

现在的孩子越来越习惯在电子产品的虚拟世界里寻求快乐,离真实的生活越来越远,与大自然接触更是不多。回想自己一路走来,面对一切艰难苦厄都没有轻言放弃,不会动辄退缩,很大程度上是因为20岁之前的农家岁月给了我很多向上的生长力:上山砍柴,下井挑水,农活里蕴含了很多道理。

这也是我要做研学活动的缘由:让孩子们认真地看一束花、一朵云、一片星空;听春雨落下的声音,听四月山谷里布谷鸟的鸣叫;在仲夏的窑洞里用心品尝自己做的黄米凉糕,用辘轳绞一桶甘甜的井水;在原野挖出一窝土豆烧烤起来,在草垛上跳起舞来,在高原上抚摸一块5亿年的石头,在大河里划桨漂流起来……

其实,我们的一生,都在重复自己的童年。你我何尝不是?

人物小传

梁峻杰,辍学于内蒙古民族大学农学院,内蒙古晴耕雨读生态农业有限公司(寻乡道农场)负责人。

告别科研，新农人的生存之道

郑力行

2020年6月到10月之间，是我返乡务农5年来最忙碌，也是压力最大的一段时间。记得其中有几天，导演海哥过来给我们拍纪录片，我有幸暂时不用掌控方向盘，坐在车上当了回乘客。音乐响起的瞬间，我的头脑和身心终于得到了休息，那短短十几分钟，竟是自己几年里感觉最享受和惬意的片刻。

返乡的决定

时间回到2014年，当时我在浙江嘉兴从事化学和材料方面的研究工作。单位和住宿距离妻子工作的学校特别近，每天早上，我们一起出发去上班，晚上接她下班，一起漫步而归。周末或者假日时不时去周边的景点转转，生活算得上是惬意自在。扪心自问，我也算是同事中的优秀分子，一直认真负责，工作内容丰富多彩，搞了很多方面的研发：可降解材料、污水处理、等离子平面处理、氧化铝催化剂、硫酸软骨素提取，也算是小有成果吧。

可是在嘉兴的三年让我发现，自己对于科研一直缺乏来自灵魂深处的那种追求感，内心仿佛有个声音告诉我，可以有别的选择，但我也不知道那是什么。

直到2014年年底回家过春节，大年二十九的晚上，往常记忆中烟花四起、炮声连绵的景象完全没有了。这时我才突然注意到，周围很多邻居家的灯是黑的（外出务工没有回家），村里的街上也没几个人，这和国家给村里修的通明的路灯形成了强烈的反差，我顿时感到无限悲凉涌上心间。回想起小时候每年过年前那些天，爷爷都要在家门口摆起摊子卖年货，来买鞭炮、瓜子、花生等年货的乡亲络绎不绝，经常持续到很晚。年前几天，爸爸妈妈和村里要好的邻居在家里一起炸油饼，自己有时候也会帮忙烧个火……这些单纯而幸福的场景也许将不复存在，因为村里已经没有年轻人了。现实的情况是，在农村种地，不算自己的工钱，一年的收成经常不及在城里打工一个月的收入高。因此，我也明白，照这样下去，城市化的进程是不会逆转的。但是村子里真的就没有年轻人的出路吗？

当时，我脑海中又浮现出黄浦江漂浮的死猪，联想起那几年一直关注的有关食品安全的报道：一项针对江苏、浙江、上海逾千名小学生的尿检，竟显示有近六成的孩子尿液中含有兽用抗生素。现在有些农业生产过于追求产量和短期利益,产品品质下降,甚至缺乏安全性。低品质、不安全的食材,理所应当卖不出好价钱。

城乡差别、食品安全,归根结底都是农业农村的问题。经过很短暂的考虑后,我决定辞职返乡,做"不瞎搞"农业,内心一下就好像找到自己灵魂归宿般地兴奋。是的,我热爱土地。

沃野青青

我于2015年"五一"返乡,11月份接手了另外一个外地人流转的180亩地,这也是我的第一个基地。那时候每天都特别兴奋,像打了鸡血。挖树、拉土、种植、耕地,啥活都干,对运营和盈利没有太多的概念或者明确的路径,种养殖技术也没有,都是从头自学,只是想着心中的那个美好的愿望:不打农药、不施化肥。以为很容易,也因此付出了巨大的代价。

2016到2017年,我们一直严重亏损,几乎没有什么收益。西红柿种了两年都得了病,没有回报。好不容易种出来的几十亩无农药白菜,却不知道怎么销售,最后是按普通蔬菜的价格,一斤两毛钱卖掉。听人说把公鸡阉掉肉会比较香,就轻易下决定请人来把鸡全阉掉。当时是夏天,天气炎热,鸡伤口感染,我们又不能用抗生素给它们消炎,只能任其发展,每天都会死几十只鸡。

即使是这样,那段时间,我却也没有压力,思想自由而快乐。从状态上来看,返乡就是为了自己的内心,这也是我把沃野青青口号的第一个关

我们的愿景是沃野千里青青满园

键词定为"爱自己"的缘由。

现实会教育人。2018年开始,因为管理和经营债务导致的结果开始显现。首先,账上没有钱了。为了建设大棚,维持农场日常运营,我开始以个人名义向亲友借钱,刷信用卡周转。团队成员也因为各种原因提出离开。屋漏偏逢连阴雨,各种打击接踵而来。这一年,爸爸因为七八年前的生意惹了官司,妈妈生病住院。我们在农场的唯一住房因为建在基本农田,违反规定而被迫拆除。那时我压力特别大,最严重的时候有一个月整宿整宿睡不着觉。我开始思索自己做的事情。

当我不禁向妻子流露思想负担过重的负面情绪时,她看着当时才半岁的女儿说:"你就当是给娃打造一个乐园吧!"这令我茅塞顿开:我想做的事情,说小了,是团队的信任、自我的实现;说大了,是传统耕作观念的改变、农村生态环境的重塑,那些信任我、支持我的生态农产品消费者,也不允许我退缩。

也就是在那一年,我参加了西北新农人网络的培训课程,这些课程对我的成长有很大影响。它让我从土地上的日常琐事中暂时解放出来,得以喘息,有了更多学习和思考的空间,不仅使我对生态农业行业的现状、生态技术有了较为深入的了解,在农场运营方面也给了我很多启发。更重要的是,在这个网络里,我又聚集了两名团队成员。

理论与实践结合,加上之前两年的积累,接下来的一年,我改变了许多。从经营管理上细抓,项目独立核算,加强技术研发和对外学习,取得了不错的效果,当年就基本能够实现收支平衡了。具体来讲,虽说以前在管理方面我们团队也有分工,但更多是停留在口头上的,没有量化目标和责任制,以致亏损了也不知道问题所在。现在我们明确分工,独立核算,团队每个人分别负责生产、销售、亲子方面的业务,分项目记录用工、成本、收入等,通过财务数据分析运营弊端,及时研究对策,要求各项目不能亏损。以划分项目最细致的生产为例,分鸡、猪、桃、西红柿、蔬菜等类别,财务数据显示其中蔬菜亏损最多,分析发现是因为蔬菜种植收支严重不平衡——收入少而人工支出太大。于是我们采取措施,缩小了蔬菜种植面积,从最初的动辄几十亩,缩小到仅够供应会员的量级。到2019年年底,蔬菜种植的亏损大幅度降低,其他几项也扭亏为盈。

技术积累这块，我们也大量学习，查阅资料，和同行交流。这时候我才意识到，种植的核心是土壤——土壤好，种植水平最起码能够及格。因此，后来我们主抓土壤改良，种植绿肥，增加在外的学习交流，扭转了以往很多认识误区。2020年，沃土可持续发展中心在我们农场成立西北田间学校，系统培养新农人。受益最大的是我们自己，我们的生态种植技术因此得到了进一步的提升。

最重要的是，我的抗击打能力也变得特别强大，不管遇到啥问题，只要躺上床就能马上入睡。随着2019年春天第一批西红柿开始面市，亲子体验活动全面开展，会员配送业务步入正轨。每天，我都在和团队一起研究如何更好地适应管理角色、提高管理效率，如何学习和创新种养植技术。这一整年，我的脑子里一直想的就是要盈利，最后也实现了给兄弟们按时发工资的目标。我能感到这两年我们进入到一种更成熟的创业状态，无论生产技术，还是组织管理，都达到了及格水平。这也验证了我们的模式是可行的，能够实现盈利。如果技术成熟精进，就能够实现人与土地的可持续平衡发展。

同年，我们也做了一些和农民合作的尝试，让农户按照我们的种植方式种桃子。不过因为农场自身做得不成功，大家对我们也没有那么信任，最终只有一位农民愿意跟我们合作——他要求我们提供所用物资，以利润提成的形式在我们的一块园子里种地。因为他内心也是半信半疑，加之我们自己经验不足，中途没有插手，完全任他自己管理园子。结果，他为了减少人工方面的投入，没有进行疏果——人工去除一部分过多的果实，种

在农场举办的田间学校,我和来自全国各地的农友一起堆肥。

给小朋友们开设的自然教育课堂

出的果子都特别小，无法销售，没什么收益，而且损失很大。至此，这次合作以失败告终。

曾经有一位做了很多年有机农场的老师对我说："你要想清楚自己想要什么。如果想清楚了，不管遇到什么困难，都得坚持着往前走，一定会有人来帮你。"我对此深信不疑。在我做农业的这几年，每当干不下去的时候，他的话总让我燃起希望。现实中我们也真的获得很多的帮助，来自各种机构的，来自朋友的，来自陌生人的，一直支持着我在这条路上前行。

新的征程

2019年，一名好大哥给了我们巨大的资金支持，让我们能够更好地实现理想。他以较少的股份对我们注资，同时给我们提供了很大一笔借款，使我们能开辟新基地。于是，团队开始讨论是不是要回我自己的村里去发展。

在我们最早的规划里，回自己的村子要5年以后，现在有机会把这个时间提前。大家的观点是迟早要回，晚回不如早回，最终决定回我的村子搞新基地。

为什么要回我自己的村子？团队大多数人都有一个带动村民发展的愿望，做一个生态农业的样板基地，既能挣钱，又能影响带动更多群众一起走可持续发展农业的路子。而我们的第一个基地，距离乡村比较远，周边群众又很陌生，经常连找干活的工人都特别难，没有一丁点群众基础，开展群众工作无疑就是纸上谈兵。假如回自己的村子，也许就能够在这个问题上少花费一些成本。

流转土地的过程非常艰难，我想了很多办法，请村镇干部和村里有威望的人都参与做群众的思想工作，逐个说服，旷日持久地进行了7个月，直到2020年5月，才把规划的土地全部流转下来。除流转费用外，多花了很多钱。当时我已精疲力竭，积累了前所未有的负能量。农村工作并非想象中那么美好，也不是能够讲理的地方，派系林立、人情世故更是关键。我深深感到，在农村要做成一些事情，必须心慈但不能手软，得有强大的领导力才行。

接下来的新基地建设，遭遇了异常的天气状况。2020年6月到8月，一连52天都在下雨，导致工程进度非常缓慢，我也跟着着急起来。那段时间我每天都特别奔波：白天盯工地，晚上定方案，安排工人，联系材料，还要住工地、看摊子，克服各种各样的困难，就如同疾驰的车轮，无法停歇。内心却无处安放，焦虑、急躁。终于，身体开始亮红灯，几年来第一次接连发烧生病……

从2019年8月到2020年10月，我一直在流转土地、搞新基地建设，脱离土地久了，和工人之间也完全处在雇佣关系的状态，这令我身心俱疲。回到初心，我们是想带动更多农民一起走可持续农业的路，可是这一年做的事情好像并没有朝这个方向走，变成了一般农业公司的纯粹雇佣关系，在产业方面也没有开启带动农户的模式。虽然实现理想很困难，但事情还是要继续做。此前，我们成立的"沃野生态种植养殖协会"已经吸引了一部分在当地搞农业生产、追求进步的人。在活动中,我们介绍了生态农业的理念、对土地的重新认识等,让大家对生态种植产生了兴趣,也有了尝试的意愿。

想到这里,我又开始飘飘然,想象着下一步可以做什么:先给园区的工人讲我们返乡和做农业的目的,然后用行动说话,在平时的生产中展示不用化肥和化学农药的好处,再做出我们的品牌,让群众相信这会是一条康庄大道;新的一年田间学校也应该换一种方式,帮助大家共同提升……想着想着,我浑身愈发轻松有力。是啊,该踏上新征程了!

人物小传

郑力行,沃野青青生态农场(陕西沃野青青生态农业科技有限公司)创始人。

返乡创业种植水稻的那几年

张 帅

黄河流经内蒙古,在阴山脚下拐了一个弯,那个几字弯里就是我的家乡,位于鄂尔多斯市的达拉特旗。这里地势平坦,有近100万亩耕地,但是由于连年黄河水漫灌,大量使用化肥,导致曾经肥沃的土地逐年板结,盐碱化与日俱增。

2012年毕业后,我开过补习班,去煤矿当过下井工人,2013年到2015年,在家乡达拉特旗的基层乡镇服务了两年。但我始终感觉没有找到自己喜欢的工作,从内心来讲,还是想创业,想看看自己能力如何。

2015年我返乡创业,在老家达拉特旗昭君镇种植了100亩的盐碱地水稻,不知不觉已经过了好几年。其间,我注册了合作社,申请了商标,做过水稻众筹,搞过稻田彩绘,也开发过稻田民俗客栈等,成功经验不多,失败教训不少。2018年结婚生子后,我对返乡创业有了更深的体会,想的和做的又有了许多变化。

众筹盐碱地水稻，开启农业梦想

2015年年底，我回家种植水稻，这是天时、地利、人和的选择。

我的家乡内蒙古达拉特旗昭君镇，地处北纬40°，气候适宜，年日照时数为3119小时，光照时间长，热量充足，昼夜温差大，空气湿度小，可满足中熟和中晚熟水稻品种生长需求，所生产的大米富含养分多、口感好。加上作物生长季节风较大，通风条件好，病虫害极少发生，具备种植绿色、有机水稻的天然条件。

黄河几字弯内100多万亩的土地，平坦，集中连片，利用黄河水灌溉便利。虽然由于逐年盐碱化导致大量土地弃耕多年，但种植水稻不仅耐碱，还可以有效改善土壤，以稻治碱，非常合适。土地承包价格较低，适宜规模发展。

镇里的农户已经在盐碱地种植水稻多年，积极性高，探索出了一套适合本地的经验。从育苗、插秧、田间管理，到收割、仓储、加工，一整套流程基本实现机械化，种植技术成熟稳定，亩产可达1000斤左右。

虽具备以上诸多有利条件，但同时我也发现，家乡农户的种植模式小而分散，以家庭为单位，平均每户只有几十亩，最多上百亩。而且水稻品种混杂多样，没有主打的品种和统一的质量标准。大家基本都是走传统低价批发路线，产品包装简陋，缺乏品牌意识，更没有自主的销售渠道和议价能力。这使得农民种植面积越大、产量越高，销售反而越困难。在2015年年底，早几年卖4元一斤的大米已逐步变成了3.5元一斤，种得多的农户甚至3元就卖。

于是，在创业之初我就注册了"福禄稻家"大米品牌，自己做了包装，选定口感劲道、产量不错的长粒香米"松粳22号"作为当家品种。

当年100亩水稻收割后，亩产1000斤，出米700斤，我们总共收获了将近7万斤的大米。

如何销售这些大米，是那年我思考最多的事情。跑超市，发朋友圈，运营公众号，参加政府展会等都做过，效果一般，后来无意中了解到众筹农业的模式，让我感觉找到了方向。

这是一种筹钱、筹人、筹产品，多方深度参与的模式，运用到大米销售上，就是让消费者花钱包地，合作农户拿钱种稻，我们自建平台销售配送，连接两端。如此，既能保证社区居民有新米吃，又让农户的米不愁卖，我们平台也能获得流量，一举多得。

我和创业的小伙伴们立马发起了众筹，打出"包一亩盐碱地，吃一年现磨大米"的口号，即每个社区居民只要出资1000元，就能获得合作农户种植的300斤新米，我们平台每2个月配送50斤，分6次送完，保证社区居民12个月都能吃上现磨的鲜米。开局很不错。2016年5月水稻插秧前夕，我们在内蒙古呼包鄂地区就招募到70位社区居民参与众筹，筹得现款共计7万元。

我们把钱拿给了合作农户，等到 11 月份新米收获后，就兴致勃勃地准备给社区居民配送鲜大米。但问题随之而来：按照计划，第一批次的 70 位客户，每人要配送 50 斤，一周内完成。然而，最后成功送出的客户却不到 20 位，其余的不是说家里还有米，就是让下个月再送，或者直接要求年前一次性配送 300 斤，春节送人用。各种各样的要求，使得这 70 位客户的大米，我们送了整整一年才送完，为此消耗了大量精力。而原本计划中组织客户体验亲子插秧、稻田收割的活动，都没有组织起来。众筹仅仅是筹到了钱，平台的引流、组织活动等设想都没有实现。

回头想想，农产品众筹，单次重量最好安排在 5 公斤以内，因为量大了，社区居民吃不了。再就是直接快递包邮，按时按点派送。众筹人群最好选择家里有小孩的主妇，她们关注孩子身心健康，愿意带孩子体验乡村乐趣。区域最好能集中在周边城市（比如种植基地附近百万人口的城市）的中高端小区，这样便于组织线下活动，同时没准就能找到社群里的意见领袖。

此外，众筹期间，尤其是在水稻生长期，一定要和社区客户有互动，比如线上的直播插秧，线下的亲子体验等，想方设法增加他们对平台的黏性。与此同时，平台上既要有相关的低价优质农产品增加流量，也要有高端产品增加利润空间。

总而言之，发起众筹前，一定考虑清楚盈利模式，过程中保持互动，结束后回访改进。这样的众筹，才会持久一些。

稻田彩绘，让水稻不仅能吃还能成为风景

众筹盐碱地大米期间，我们组织了一场稻田徒步摄影活动，有近 30 位社区居民参加。很多北方人没见过稻田，一望无际绿油油的风光对他们有一定的吸引力。可除了摄影之外，并没有更多、更深入的体验活动，怎么让游客在稻田中停留更长时间？我想到了"稻田彩绘"的创意。

2017 年春季，我在水稻田种植了不同颜色的秧苗，期待随着水稻的生长变化，呈现出"I love you"的图案。在原本的设想中，稻田彩绘图案将会吸引大量媒体争相报道，周边种植户参与效仿，产生轰动的广告效益。政府企业也会找到我们预订彩绘图案，甚至一些婚纱摄影机构，也会推出本土稻田旅拍。我们便可顺势将稻田旅游和大米品牌宣传结合起来，做大做强。

然而理想很丰满，现实很骨感。到了 7 月中旬，稻苗的颜色差异逐步显现，从航拍可以完全看到，但是地面没有观景台，看到的图案效果并不清晰。结果既没有政府企业预订明年的图案，也没有邀请到新人拍婚纱照，甚至前来宣传的媒体也是我们自己联系的。

经过测算，2017 年一亩稻田彩绘图案，采购稻种、单独育苗、人工插秧等费用就超过了 2000 元，但是完全没有得到市场认可。常言说赔钱赚吆喝，结果我们钱花了，吆喝也没捞着。

回头想想，当时的想法过于简单，设计的图案不够新颖，内容也有些空洞，没有周边多个景点的共同支持，也吸引不了婚纱拍摄人群。而且，

稻田旅游需要配套设施和人员等，单纯靠一两个图案，不可能吸引用户买单。

想做好稻田乡村旅游，必须逐年投入，久久为功，逐步做起市场口碑。前期可与地方政府保持联系，借助政府媒体宣传打造区域知名度，逐步扩大影响力。同时，也需要一定的基础设施建设，起码稻田彩绘图案的地块儿，要有高一点的景观台，要有停车休息的场地，甚至可以有儿童捉鱼区、玩泥巴区等，配合稻田马拉松比赛、稻田篝火晚会、稻田音乐节、有机稻田垂钓比赛、最香大米品鉴会、醉美稻田摄影展等相关活动，让7月到10月水稻的种植期间，月月都有稻田活动。真正把农产品销售与种植过程结合，农旅一二三产结合，使得水稻不仅能吃，还能成为风景，农民不仅靠种地有收入，旅游服务也能增收。

稻田乡居，民宿客栈的探索

稻田彩绘不太成功的尝试，让我看到了乡村旅游的市场潜力。我们的稻田种植基地位于呼包鄂城市群，尤其紧邻包头市区（包头属于内蒙古工业城市，常住人口200万以上），当地居民收入水平不低，注重生活品质。他们节假日喜欢自驾出游，徒步骑行，在水塘边垂钓，在稻田边烧烤露营休憩。而我的家乡达拉特旗历来是传统的农业种植区，环境优美、水草丰茂，3A级以上景区多达9个，有连片的稻田景观，就是缺少专业的内容开发和运营。

2018年，在当地政府所属旅游公司的支持下，我开发了"稻田乡居"民宿客栈。由旅游公司出资，改造农户自有房屋，我负责建设与运营。

民宿客栈的建设，最好和当地的人文底蕴相结合。我们达拉特旗有一个昭君坟景区，相传当年王昭君出塞来到此地，经常在昭君镇的古渡口周边活动，传授汉朝先进的农耕技术，周边的牧民受益匪浅。一次王昭君渡河，不慎将鞋子掉进黄河，艄公不顾生命危险，跳入河中打捞。后来王昭君去世后，这位艄公将鞋子供奉，逐步形成现在的昭君坟。家乡昭君镇的名字也由此而来。

在确定稻田民宿客栈的位置时，我们选择了紧邻昭君坟景区的一户农家。一是考虑到这里紧邻景区，有一定流量；二是希望用稻草展示一些有关昭君传播农耕文化的事情；三是想依托农耕文化、河套文化，开发依托景区的研学内容与路线等。比如游昭君景区，看农耕文明，做手工插画，尝蒙古族小吃，赏胡汉和亲，等等。

确定好主题后，我们和农户签订了房屋改造和发展旅游协议，协议规定5年内的旅游旺季，从5月插秧开始到11月秋收结束，我们运营民宿客栈，农户搬出。我们优先采购农户的农副产品，优先雇用农户参与旅游服务。

签订协议后，我们马上开始了建设，用稻草装修大门、制作凉亭，在后院设置了一个手工作坊"稻梦工厂"，买了编制草绳的机器和各种用稻草制作的装饰作品。农户原有的围墙，全部以手绘装饰，客房改造成"福""禄""稻""家"四个主题。我们还用绿豆、红豆等五颜六色的杂粮制作了装饰画，买了崭新的被褥、枕头、鞋子等日用品。在最后的绿化亮化阶段，我们设计一个"家"的主题，壁照像个宝盖头，蜿蜒的小路是"豕"，整体俯瞰，二者组成了一个"家"字。

可正当我们要把计划变成现实的时候，农户却不答应搬出去了，要留停放四轮车的地方，要留自己住的地方，在整个旅游接待过程里，仍要住在家中。

我们经过反复的沟通协商，农户就是不搬离，有协议合同也不行，说："这是我的房子，我说了算。"我们反复表示：房子永远是你的，只是在大家合作的5年内，旅游旺季接待活动中用，如果没有过夜游客，旅游旺季的晚上，你也可住在自己家里。可农户就是不想走了，我们装修好以后，他要自己住。一个有创意的稻田乡居，最终成为了别人的嫁衣。

看来，民宿客栈的建设运营，涉及农户房屋的改造问题，最好是利用自己宅基地的房子改造，形成带动效益，让农户看到旅游接待中的切实收入，主动向你学习，自主出钱改造，才能逐步扩大，增加内容主题，切忌盲目投资建设。最好的方式是轻资产投资、重体系运营、农户自主参与、逐步引导改造，然后形成自己的主题特色、主要目标市场，逐步扩大。

女儿出生，使我找回返乡初心

众筹农业、稻田彩绘、民宿改造……返乡的几年里，每天都有忙不完的事，还要参加政府相关会议，撰写申报材料，研究农旅开发，看外地的展会等，忙个不停，很少有时间下地种田。这显然不是我返乡的初心啊！返乡创业，原本是要种放心大米的啊！可现在，我却脱离了土地，背离了初心，我迷茫了！

2019年12月，闺女的出生，让我改变了许多。到现在，她已自己会蹒跚走路，开始牙牙学语，似乎也能听懂大人说的话了，不过她最感兴趣的还是食物！每到吃饭的时候，她总是着急地手舞足蹈，口水不停地流下来，只要肉嘟嘟的小手能抓到的东西，都往嘴里面塞。她是用嘴来认识世界的。

她吃的东西，都是我老家的。白面大米家里种，夏季的蔬菜自己种，猪羊鸡鸭都是农村养的，一点也不敢马虎。以前的我，对吃并没有那么讲究，反正吃下去的都会被消化掉。可成为父亲之后，我真正地体验到了食品安全的重要性，给闺女的吃的喝的，一定要放心安全的，就算吃不到有机生态的，起码也得是绿色健康的。

有了自己的孩子，我才如梦初醒！我返乡真正想做的，就是一款让孩子放心吃的大米啊！没有抛光打蜡，没有陈年储放，二十世纪七八十年代那样焖出来的香喷喷的大米！后期我要做的农业，一定是小而美、生态有机的，回到农业的本质，回到农业与人的关系。

从一款大米开始，把它做踏实之前，不考虑开发其他产品。品牌名字我都想好了，就叫"闺女吃的大米"，从堆肥、选种、育苗、插秧、拔草、收割，全程把控安全，优先满足0到6岁孩子的需求。如果再有精力，才扩大面积,让周边的乡亲们一起种植。

以上是我返乡创业这几年做的一些事和一些想法,希望能给准备返乡创业或已经开始创业的朋友一些借鉴。最后,我还想说一句话:做农业没有捷径,更不能忘了返乡的初心。加油,新农人们!

人物小传

张帅,毕业于内蒙古工业大学煤矿开采技术专业,达拉特旗众筹农副产品经销部负责人。

从保健品到农场：有机同盟会的诞生

晁 代 伟

🚜 事业之初

我是"70后"，从小在黄河中下游的河南濮阳农村长大，20世纪80年代跟随在西北工作的父母迁居甘肃兰州西固城，从此走出村庄，脱离了土地。我家兄弟三人，我排行老大，熟悉情况的兰州电商圈里人也都亲切地喊我"老大"，这不仅仅因为我在2006年组织策划了兰州地区首届淘宝网卖家经验交流会，2009年协助邮政开办甘肃省首家网商创业园，更因为与同时代的人相比，我似乎更敢于尝试、创新和学习。

90年代，19岁的我高中毕业后刚步入社会，跟随亲戚到甘肃玉门的建筑工地搬砖打杂，凭一身力气谋生吃饭。但我不认为自己应该一辈子过这样的日子。后来，我回到兰州，报名参加了西固区举办的一期电脑培训班，初学了电脑知识，掌握了打字、办公软件等基本操作，为今后走入电商行业打好了基础。不仅如此，幸运的是，我还在培训班上认识了我的爱人，后来喜结良缘。

1992年，我向亲友借了3000元钱，埋头扎进保健品销售行当。1995年，经多方筹措资金，我在兰州市西固区开了自己的第一家保健品专卖店，自此一发而不可收。2002年成立保健品批发部，跨进B端市场；2003年，"鸟枪换炮"，创建兰州海尔斯商贸有限公司，拥有了一支小团队。最辉煌时，我曾将保健食品领域三四百个大大小小的知名品种收至麾下，开设了13家海尔斯健康连锁店，年销售额突破千万元大关，在甘青保健品行业算是相当成功了。

在线下站稳脚跟后，当时，线上购物渐渐兴起，可在我周围，多数人还没尝试过这种新鲜事物。2005年，我开始涉足当时成立不过两年的淘宝。2008年，又在B2C新平台开设店铺，于2011年退出。由于当时我对形势判断相对准确，一度被评为兰州"创业明星"，赴全省各地做了多场创业事迹报告和网络致富经验分享的演讲。

从保健品到天然有机产品

那时候，一切似乎顺风顺水，可是顺境不免会让人高估自己，我需要一点转变。2010年，我开始调转方向，将主打营生换成了"做大自然的搬运工"，推广天然成熟蜂蜜。

这样的选择背后，当然与保健品行业的衰落不无关系。从20世纪80年代以来就高速发展的保健品行业，透支了消费者的信任。传统广告轰炸的营销模式，就像吹涨的泡沫，一旦没有广告，销量马上就会掉下来。随着国家广告法的出台，整个保健品市场江河日下，许多企业倒闭，业者纷纷转行，我当然也不例外，同样面临转型危机。

经过调研我发现，在其他保健品销量下滑的时候，蜂蜜的市场份额却基本没受什么影响。天然的蜂蜜，自古以来就作为传统的滋补品为人们所熟知，不需要依赖广告的支撑，也不需要添加任何东西。

在保健品行业沉浮多年，我深知没有人把保健品当饭吃，日常的保健更重要的是以健康饮食为主，天然产品生命力更持久。当时，毒大米、瘦肉精、农药残留超标等食品安全问题频频爆发，这当然会让人将目光转向天然有机农产品。我十年前曾在上海吃过一次有机餐，真的是干净、美味，每一种菜都散发着自身独特的味道，这给我留下了深刻的印象。

相比于保健品，天然有机的产品更能从源头上保障健康，有机食品行业的发展是未来必然的趋势。2014年，我注册了以自己姓氏命名的"晁蜜"品牌，主打来自东北原始森林里的野生椴树蜜。全程低温储存、冷链运输，保持蜂蜜融化前营养与口感最佳的结晶状态，果然收获了不少忠实用户。

众筹与农业相结合

2015年，波澜壮阔的"大众创业，万众创新"大潮兴起。有人说，这是中国的"双创"元年。这一年,"大众创业,万众创新"写入政府工作报告,在"互联网+"的引领下,人们参与投资创业的热情被点燃。此时,我也正式进入有机食品行业,将众筹与农业结合起来。

经过前期的铺垫和策划,我先在微信群和朋友圈抛出"晁蜜生态农场"众筹项目,通过众筹反租倒包临洮杨家店10亩土地,以实施种植有机蔬菜的方案。一亩地8000元,10人共担,每人一年只需支付800元,即可获得220斤有机蔬菜。相当于一斤只需3.63元,并且一周一次配送到家。

项目一经推出就获得了大家的热烈响应,短短两天时间内,一再加量加售的30亩土地被一抢而空,最终征募到81名原始股东和200多名会员。当地媒体记者获知消息后也蜂拥而至,纷纷撰文报道:乡下人进城买房,城里人却在下乡。那段时间,"有机蔬菜"成了我朋友圈里的热词。众筹项目顺利开展,让生于农村的我格外开心:终于做回了老本行。

然而,开心和顺利并不是人生的全部,且不说中国90%的有机农场都处于亏损状态,除却蔬菜品种取舍抉择,如何经营好土地,如何保持与提高土壤肥力,怎样设置轮作周期,有机农业工作人员如何培养……有机农业暗藏诸多学问。然而,受甘肃本身的气候环境条件限制,农场一年的蔬菜供应期只有5个月时间,产品的品种也较为单调,这大大影响了会员的体验。另外一方面,晁蜜生态农场离省城太远(超过100公里),不在兰州近郊,会员住址又过于分散,这些都导致物流配送成本过高、周期太长,制约了农场的可持续发展。

从保健品到农场：有机同盟会的诞生

晁蜜

2016年到2018年菜季，农场会员续费率尚能勉力支撑农场项目运营；2019年菜季，农场开始难以为继。其间，为了增加菜的品种和供应时间，我追加众筹了8个塑料大棚，这也使我更加骑虎难下。

我们最初设置的每斤3.63元的定价远低于有机蔬菜每斤10元以上的合理价位，随着时间的推移，农场盈利看起来遥遥无期。没有多余的支出可以用于快递，我就亲自开车配送。五年来，每周我都有三天在路上，风雨无阻：早上五点半起床、六点半出门，配送一整天。作为农场发起人，即使没有工资，我也得耐住性子咬牙死磕，还得默默承受别人的误解和诘难。

晁蜜生态农场的诞生，虽然是基于先进的订单农业模式和互联网社群营销，但毕竟是一个脆弱的兴趣社群，通过群员关系的维护、增加黏性来开发忠实客户，需要很高超的社群运营能力和管理技巧。有些会员因为初期对农场期望值较高，当发现农场缺乏足够的特色，蔬菜品种单调，时常错过最佳采摘时机等硬伤，他们即使觉得产品本身足够健康、口感很好，下一个菜季也会选择不再续费。

在我们原本的设想中，蔬菜更多是作为引流产品，更重要的是接下来再开发能持续盈利的产品。可惜不久，我们便深陷运营泥沼，没找到合适的供应链。

从生态农场到线上社群

为了突破瓶颈，我开始北上北京、哈尔滨，南下上海、厦门，参加各种有机食品展会，加入西北新农人学习网络，结识了不少在天南海北从事有机食品生产销售的朋友，汇集八方信息和资源，慢慢形成了自己的有机食品产业链、供应链和价值中枢。因而时常有人请我介绍产品、介绍渠道。

在多次的信息共享和精准对接后，我突然想到：为何不成立一个有机产品供应链对接平台，为企业提供精准产销对接服务，同时也能满足消费端丰富多样的个性化需求？

2020年年初，新冠疫情的出现，让农场的业务暂时停止，我便开始建立自己的线上社群。社群的形态最初只是一个微信群，连名字也没想好。直到2020年4月，"有机同盟会"才正式命名，旨在利他、共享、连接。不到一年时间，就汇集了300多个成员，日常活跃度极高。与其他资源连接平台收取高额费用不同，到目前为止，同盟会是完全放开的，大家自由

从保健品到农场：有机同盟会的诞生

2021年带领同盟会成员在云南丘北参观农场

连接，各取所需，资源互换。

只有利他才能长久。传统的连接，通过零售端和厂家之间的信息差获取收益，在互联网信息越来越透明的时代，已逐渐失效。而在我们串联起的新链条上，希望每个人都能共赢，将共享做到极致，而且链条越长越好，我需要做的就是在中间寻找自己擅长的、可以提供价值的地方。

比如，很多农户不了解如何主动连接资源，我就去充当那个挑头、牵线搭桥的人，让大家可以很快在社群内实现资源匹配。厂家有新品上市，只要提交材料，资质审核通过，就可以安排时间，在群里通过文字、图片、视频等方式进行推广。农户有拓展销售渠道的需求，我就在线上搭建商城，线下组织大家参加大型展会，通过分摊展费降低参与门槛。一年一度的年会是成员聚会交流的好时机，我们还会安排参观就近的有机企业或机构,开阔大家的视野。群里时常邀请一些专业人士、经验丰富的从业者,进行免费培训。

种植、销售、渠道、标签法、广告法……不是人人都是全才,不可能都懂,尤其对于大多时间都在埋头种地的农场主来说,与外部的联结和学习往往因为忙碌被忽略掉,但却十分重要,而这恰是多年经商的我所擅长的。

在我看来,新的营利模式不在于制造壁垒,而在于源源不断提供有价值的服务,这将是有机同盟会无可取代的地方。不知不觉,这么多年,在时代的洪流中,在不同的风口前沿,我一直切换着身上的标签,拓宽社交边界和商业场景,唯一不变的,就是主动拥抱变化的人生态度。

人物小传

晁代伟,有机同盟会创始人,兰州海尔斯商贸有限公司法人。

生态农业，是事业还是生活？

毛世军

成仙还是为奴，这是个问题

20世纪80年代，一个三年级小男孩在操场上玩耍，目送大路上一队送葬的仪仗经过，他陷入了深深的恐惧。死亡后无边的黑暗和无助，犹如漩涡将他的思绪裹挟进万丈深渊。"你说人死后会是什么样子？会着急吗？你害怕吗？"他问同学，同学也陷入了沉思。

是的，我和许多人一样，也在小时候的某天突然开始思考人生的终极命题：我是谁？从哪儿来？到哪儿去？也许就是从那刻起，如何获得健康，如何能长寿——这个自古以来人类梦寐以求的目标，就播种在了心田。

每个人冥冥中注定会做一些他该做的事，或早，或迟，人们把这叫"天命"。我曾经不知道自己的天命是什么，只是按部就班上学，工作，娶妻生子。毕业后分配在家乡的农村小学，一晃就当了17年老师。

在负责财务和食堂的工作时，我常和食品供应商打交道。有次和送菜的农户老何攀谈，他告诉我自己种了十多年大棚蔬菜，不用化肥农药是完全不可能的。有一年他种的黄瓜刚坐果，还没长到小指粗就一个个萎黄了，尝试喷各种杀虫剂和抗菌剂也无济于事。他便去请教一个刚从山东来的农技专家，专家说这是线虫病，虫子从植物根部吃进去，把植株中间吃空，导致的果实枯萎，这样喷药没用的。他着急地请教解决方案，答案很简单：用某种农药灌根。最后，黄瓜保住了，可他吃到第一批果实——就是最靠近底部的那些时，一股清晰的农药味道弥漫开来……

听完老何的故事我顿觉毛骨悚然，联想到许多人吃黄瓜时把皮刮了，认为这样就可以避免农残，殊不知，灌根后农药是里面所有细胞都在吸收啊，我们避无可避。

那时我还算比较注意饮食健康和身体锻炼，是同事眼里的养生达人。女儿从她妈妈怀着她时，基本就不让吃外面买的食物，米面粮油肉菜蛋都是我父母自种自养的。许多人说，你在农村啊，实现这些很容易吧，其实并非如此。记得2000年左右，村里的商店开始多起来，最初是副食，后来粮油蔬菜都有。之前农民们种养是多样化的，过着自给自足的传统生活方式，家家养鸡、养猪、养羊，有菜园、果园、花园。效率更高的工业化种植业、养殖业和细分商业的兴起，完全改变了旧有生活方式。村民们不再养鸡，而是去铺子买鸡蛋吃，因为自己养鸡喂掉的小麦、玉米、苜蓿和草，成本比商店买鸡蛋要高。再说了，大家都忙着多种地赚钱，也不愿收工后还要辛苦地喂鸡喂猪，所以还是买更划算。

女儿3岁前是在农村养着，身体非常健康，后来进城上幼儿园，开始感冒生病。有人说这是刚开始群体生活的免疫过程，当时我也如此认为。直到浸淫生态农业圈数年，才发现这和种植的多样化和单一化、养殖的散养和圈养会产生不同的结果，是一个道理。有人说印度人喝肮脏的恒河水而获得了疾病免疫，然而人难道不是本就应该自由生活在纯净清洁的环境里吗？现在大家都在寻找香格里拉，而真正的香格里拉不就是我们用自己的双手建设的生态家园吗？

思前想后，我决定退职去种地，当了一辈子农民的父母不止一次苦口婆心地劝说："你想吃安全的，我们来种，保管啥都有，你好好去上班。"一旦我说起拯救天下、唤醒苍生的理想，马上遭到斥责："就你心好，把自己的日月过好就行了，管那么多干啥？"

我知道跟他们说不清楚，就算在自家辟出几亩地用来种自己吃的粮食蔬果，但自家养的鸡羊还是吃着有农残的植物，污染也会通过水、空气、土地渗透和传播，最终也不会留下一块净土。这个星球，没有人可以独善其身！"要改变世界，先从改变自己开始吧！"——我打算不管任何压力，都要去做。

世界没变，自己早已面目全非

第一年务农，我选择了阿拉善右旗附近的一家农场。说实在话，虽然生在农村，长在农村，但我对农活基本一窍不通。抱着先找个偏僻点的地方练练内功的想法，我说服几个朋友共同投资25万元种了几十亩黑枸杞，我边管理，边在周围试种一些瓜果蔬菜。

那一年戈壁滩的生活对我影响很大。与我一起种地的只有一个70岁的老汉，是本家的太爷爷。我俩共同管理100多亩地。太爷爷是个传统的西北老农，经验丰富，吃苦耐劳，且思维敏捷。河西走廊戈壁滩上的气候异常恶劣，有句话叫"一年一场风，从春刮到冬"。但是不管天气如何，天一放亮太爷爷就起床了，简单喝口水就扛着铁锹下地，一直到临近中午才回来做饭。他有手机，但基本不看，过着日出而作、日落而息，艰苦而单调的生活。太爷爷常说的话就是："我们要用愚公移山的精神！这些活儿迟早会干完的！"在他的毅力和精神感召下，我的手很快有了老茧，也切肤体会到农民之不易。

那时房子有电，而我们没啥电器，一日两餐只烧柴土灶。春天进农场时我带进了100只鸡散养，可以供应我们鸡蛋和肉。没有蔬菜时，就跑到旁边戈壁滩拔点野生沙葱下饭。偶尔农闲，五月份在周围挖野生锁阳，七八月有满滩的白刺果，药食同源，就采来鲜食、榨汁、煮水等。

等深秋到了，一年的耕种结束，要撤回老家猫冬那天，我早早起床收拾行囊，结果在抓鸡时发现少了4只。回想凌晨一点和四点有两次我被鸡叫声惊醒，拿手电出去看都没有异样，现在明白了，一定是"邻居"干的——农场在戈壁滩，周围没人家，"邻居"就是地旁生活的一只狐狸。开春进场时，我一度担心它会偷鸡，但大半年相安无事。前日吃晚饭时，我还跟太爷爷商量着怎么搬家离场的事，没想到夜里就丢鸡了。因为时间紧，我们没顾上认真去找，直到后来才在沟里发现啃剩的骸骨和鸡毛。狐狸之所以平时不偷鸡，是明白我们不会放过它，而选择在我们离开前夜下手，绝对是明智之举。真是万物有灵啊。

然而那一年国内的黑枸杞神话开始破灭，我们的投资基本打了水漂，父母也更加频繁地絮叨："你见过有哪个种地的发家致富了？"

聊以慰藉的是，大家吃到了我种的完全自然生长的西瓜和蔬菜，称赞虽然个头小但美味异常。我也看到了即便在自然环境和条件如此苛刻的大西北戈壁，许多动物、植物和小昆虫仍然顽强地生存着。

当然，最为关键的是迷茫之际，我刷到了石嫣的微博，也第一次听说 CSA 这个概念。CSA 即社区支持农业（Community Supported Agriculture），源于化学、石油技术在农业上的应用引发了消费者对食品安全的担忧，消费者为了寻找安全的食物，与那些希望建立稳定客源的农民或农场合作，预付菜款。它可以拉近消费者和生产者的关系，缩短农产品销售渠道，提升农业供应端质量，促进城乡一体化发展；另一方面，也推广健康农作法、永续生活和包括身心灵在内的整合健康观念。不单纯是有机生

> 社区支持农业（CSA）即消费者在一年之初成为农场的会员，把一年或一季的菜款交给农场，农场根据会员的数量和需求安排种植，一般都是有机种植，每周为会员提供丰富的食材。通过这种模式，消费者和生产者风险共担，利益共享，消费者也能参与到农场的工作中来。

活或环保，亦不单是消费者运动，背后更多的是我们怎样看待这个世界。

我对此很感兴趣，这个模式既能令自家人健康，又能通过生产和售卖安全食品获得收入养家糊口，还能保护大地，实现自己的社会价值，太棒了！

一念起，万水千山。2016年春，我回到老家重整旗鼓，接手父母的土地，搞起了CSA。开始也是从身边的亲戚、朋友、老师中寻找种子客户，还不错，第一年就有十几个预付菜款的客户。同年冬天，我参加了在浙江丽水举办的第八届中国社会生态农业（CSA）大会，如愿以偿见到了偶像石嫣，还结识了全国各地众多从事生态农业的同道。从此，一个浩瀚的农业江湖展现在我面前……

为了深入学习生态农业和扩展视野，那几年我参加了大大小小许多会议和培训。一个个新鲜的名词、陌生的组织，纷纷映入眼帘：有机农业、自然农法、自然农业、朴门农艺、生物动力、活力农耕、祖传家园、食物森林、生机饮食、堆肥、转基因、老种子、福冈正信……就像初生婴儿般，我对什么都好奇，每个都想要亲自试试。每次会议坐前排，认真听课做笔记，积极沟通，会后广结善缘。

与此同时，我还报名参加了一些商业运营课程。那时候豪情万丈，觉得自己能成大事儿，常在朋友面前自夸：我才不会像别人那样什么生意都去做，我就是要通过做正确的事，做对人类有益的事，去赚到大钱，做成大企业。

然而理想与现实总是相去甚远，农业是周期长、见效慢、风险大的产业，生态农业尤甚。组建的团队没过仨月就散伙了，我继续陷入单干的僵局，农场所有事务压在身上：制订计划、收拾土地、基建维修、种植管理、收获销售、服务配送……再加上单身带娃，基本每天都要在农场和市区之间至少往返一次。即便如此，也依然是顾此失彼，虎头蛇尾。那阵子累到什么程度？平时和人聊天都不敢坐太久，因为一坐下就会困极欲睡。最大的渴望和幸福，就是放宽身心，好好睡他个几天。

体力劳动我倒不怕，相反，干活时会忘却一切，沉浸在自己的内心小世界中，正好可以逃避现实。那现实是什么呢？就是农场年年亏损，已经负债累累了！我记得很清楚，一次车没油了停靠在加油站，我翻遍所有口袋，包括线上的，都凑不够50元。我拿着手机在车里躺着发了1小时呆，拨不出一个电话，真是欲哭无泪。回想这些年种种变故，自己仍像犟驴一样一条道走到黑，出发时的初心是改变世界，然而，世界没变，自己早已面目全非。做有机，做生态，应该自己先容光焕发啊，却成了这副失魂落魄的样子！

回归自然，以农入道

就这样单枪匹马、左突右冲、精疲力竭地进入2018年，一次机缘之下，我加入了西北新农人学习网络。当时我连一张去西安的单程车票都买不起。

两年6次，每次为期一周的培训，其实每回参加时都很痛苦：我一走，地里谁管？可我还是坚持参加了，一次也没落下。这个培训很接地气，来自西北五省的 16 个新农人，有地理上和同行业天然的亲近感，大家兄弟一样畅所欲言，我从中获得了更多的信息、知识、人脉与资源。

在培训等活动的启示下，我对农场业务做出调整，基本砍掉了赔钱且特别累人的 CSA 配送服务。这样一来，单品更好管理，适于我当时的窘迫情况。更重要的是，干农业还是得因地制宜，适地适种。我所在的甘肃省金昌市，地处河西走廊中段，干旱少雨，昼夜温差大，日照长，种植茄果类蔬菜品质优异。其中，我选择了西红柿作为主打单品。因为西红柿营养丰富，是家庭最常吃的蔬菜，还能当水果，口感上也比较容易体现出生态种植与农化种植的区别。

种植上我也更加懂得向自然学习。家乡紧邻巴丹吉林沙漠和腾格里沙漠的边缘，以前老农们靠山吃山，种地会往地里拉沙子，说是沙子长庄稼！我总结了一下，拉沙子有许多好处：一是帮助土壤疏松透气；二是改良碱性土壤的 pH 值；三是沙子的导热效率很高，进一步加大了温差。所以我也如法炮制，一车一车地给地里运沙。

肥料则是从周边牧区运来的散养羊粪，经过四五个月堆肥而成。周边有些农户会拉那些规模化养殖场的猪、牛、羊、鸡粪回来，堆在场上晾晒，搞得附近臭气熏天，晒干后用旋耕机碾碎就直接往地里放。普通农户不懂，那些粪源本身就有抗生素、激素、重金属等残留隐患，也不懂得往粪里加秸秆等含碳物质来中和氮元素，以免粪肥发出恶臭，更不会花很多时间和精力往粪里加水、翻堆，彻底发酵肥料……即使听到我的劝说，大家也都是一笑了之。

观察土壤肥力

在农场采摘蔬果

我一直坚持下来的还有一件事，就是捡地膜。河西地区大约有三十多年的地膜使用史，冬天去地里看，可以说惨不忍睹：目之所及，到处都是黑、白地膜的残片，简直就是"黑白无常"。这还只是表面的，我亲自验证过，约六七十厘米深的土层中，都有大大小小的残膜碎片。所以从第一年种地开始，我们就花很多精力去捡拾地膜。每年春种秋收翻地时捡，平时干活时捡，大块的捡，指头大小的也要捡，常常为这耽误工作。但是不捡干净，心里就不舒服，后来就偷偷捡，怕被人看到嘲笑。我早前腰部受伤落下过病根，弯腰干活时间一久就会难受，痛得直不起身，但为了捡地膜，还是不顾一切。

"不将就，从好土壤到好食物"是我们农场的口号，这些年风风雨雨，可以说还没有辜负这句话。曾有许多朋友劝我转到能赚钱的行业，或者降低标准，做做普通农产品。生态圈也流行一句话叫"先活下来"，有时我想，先活下来如果需要建立在对自己的坚持和原则打折扣的基础上，我情愿放弃。

抱着这样的信念，农场的经营终于慢慢迎来曙光。从2018年开始，我们的产品每年送检厦门大学生态与环境学院都是392项农残零检出。2019年，我们的西红柿"原柿"以零农残、好口感、性价比等优势，在北上广深等一线城市获得消费者的普遍赞誉，销售供不应求。

"只要用心，好产品是会找到主人的。"我形而上地认为这就是天道。"原柿"名字的用意也是师法自然——遵循作物生长的自然规律来栽培，减少人为干预，让人们吃到西红柿本来的味道。

2020年"原柿"的二代包装，我们选择了造价更高但也更加环保的"一撕得"纸箱，做到了不用彩箱覆膜，不用胶带封口。未来希望能找到更多塑料件替代品。在环保和经济效益之间，我们选择先环保再效益。虽然这有点疯狂，但可持续生活不能只停留在口号层面，而是要有具体的解决方案，或者说，更要紧的是日拱一卒地摸索实践。

从事了六年生态农业，我渐渐明白，不管你当它是事业、生活，还是一桩生意，这本身已然不再重要，不需要刻意去区分和定性。重要的是，通过参与作物种植、农业经营、家园建设的各个环节，回归人类原初正常的方式，身心自在地生活，进入自然有序的状态，令所有元素各归其位，这样下来，结果才会是正向的。最终，我们所做的一切皆是修行，皆是对我们所处维度本质的回归。这也是我将品牌定为"道农耕读"的期望。

爱因斯坦说，时间是不存在的。我们生活中所见的四季变换，生长、衰败、老去，都是能量的传递。那么，在我们一生的日子里，最要紧的事又是什么呢？降低自己的欲望，享受当下过程，或许才是真幸福。

人物小传

毛世军，2015年返乡务农，甘肃道农天下生态农业有限公司负责人。

创业中的蜕变

陈 星

创业的过程虽然让我遍尝痛苦,这一路过来的失败教训,或许可供大家引以为戒。

理想与初心

为什么创业?这个问题,万千创业者有万千不同的回答。我为什么创业,那就要追溯到大学时代,那段激情迸发、为了理想燃烧青春的美好岁月。

进入大学学习法学,我最初是想考公检法公务员,或者成为一名法律从业者,用法律的武器去帮助弱势群体,抗争不公。然而2009年,一次去往延安的徒步调研,成了我人生道路选择的转折点。

"重走延安长征路,探寻农村变迁史"的口号,至今依然清晰地在耳边回响。当时我们一行七人,徒步二百多公里,十三天走了延安四县十个村庄,写了三十多万字的调研报告,也让我认识真实的农业、农村和农民。此后的大学四年,我不断下乡、支农支教支工、办读书会、做社会调研,寻找更多老师和同学,请教和探讨社会发展问题,这些几乎成为我大学生活最重要的组成部分。

其中三农问题,即农村、农业、农民这三大问题,始终引起我思索。如何解决三农问题?当时知道的路径有三种:一、自下而上,办实业,成立农民经济组织(合作社);二、自上而下,进入体制,推动政策和体制改革;三、中间改良,成为研究三农问题方面的专家学者,为政策制定者提供切实可行的方案和研究成果。为此,大学期间我就和几位志趣相投的伙伴一起创办了西安第一家现实版的QQ农场,并将其命名为"城乡互助中心",希望以此为纽带,连接乡村与城市。虽然尝试的结果并不成功,却为我之后的持续创业埋下种子。

到了毕业季,不得不面临实际的抉择。虽然我并不像其他人那样焦虑地寻找一份谋生的职业,而是期待找到与自己的理想相匹配的工作,但那时并没有想清楚自己要的究竟是什么,就成了万众就业大军中的一员。

直到2011年年底,我的公益引路人马永红联系我,问我是否有意愿和他一起创业。创业项目是我第一次听说的"苦荞茶",在此之前,我对它完全陌生,并未直接答应。但最终我们走到了一起,初心便是和曾经一起下乡、一起实践的同志再次并肩作战。设想一旦成功,就可以实现我们志愿组织的自我造血——以后参与下乡的大学生志愿者,不再需要用自己省下来的生活费去支农支教,没有后顾之忧。为此,我们与投资人达成了"10%的公益股"的协议。

就这样,在准备迎接2012新年之际,曾经的农场五人小团队,一头扎进了对于我们而言完全陌生的行业。

不得不说,那是一段理想主义与激情猛烈燃烧的时光,我们似乎总有用不完的劲。为了省钱,自己查资料,设计工艺流程,自己购买每一个环节的设备,自己组建生产线,自己学习操作。为了炒出好茶,冬天夜里靠着炒炉就睡着了,茶都炒出了火星子,万幸没有出现严重的险情。费了九牛二虎之力,才做出了想要的苦荞茶。

我们的苦荞茶主要卖点是"天然富硒",所有原料都采购自中部地区最大的富硒地带——陕西安康。由于最初不知道市场行情,投资人提早就拟定了保护价收购,而在多地考察后,发现我们的价格实际高于市场的两倍多。如果说最初的保护价有问题,那么后面我们出于对当地农民的同情,依然按照保护价收购就是自己的愚蠢了。理想主义者在创业路上必然付出代价,泛滥的同情心对于创业者有时候是致命的。

不到一年的时间,由于投资建厂,最初的100万总投资额很快就花得所剩无几。市场的瞬息万变,政策环境的变化,让我们还未真正杀入战场,就消耗了大部分弹药,不得不继续追加投资。在这个过程中,投资人和我们的信心一点点消减着。过长的产业链,重生产,轻销售,没有专业销售团队,让我们本已经晚上市的产品陷入销售困境。我们需要补课,但市场不等我们。一年的时间，市场上出现了大量苦荞茶、苦荞产品，由于价格低廉，苦荞茶甚至成了"免费招待茶"的代名词。高成本、高投入、低产出的产品即使品质好，但没有经过市场检验，成为大众所知晓的品牌，几乎很难摆脱困境。

虽然后来有了一些起色，但因为一直亏损，投资人的耐心也逐渐消耗殆尽。此时，理想与情怀已经失效。我们的创意即使在后来被验证是非常好的想法，也因为资金困难、信任危机，让所有点子都最终搁浅。我们的创业也没有逃离"三年定律"，最终以工厂转让、团队解散而告终。

在后来多次闲谈中，我们总结这三年的经历：假如重新拿到100万，一定不会再去投资建厂，那会导致前期投入过大。应当更有规划、整体性地实现目标。有的朋友说，我们是花别人的钱不心疼，我并不认同这样的说法。这不是为自己申辩，在创业过程中，我们都想尽可能地把事情做好，能省则省，但忽略了时间才是最宝贵的。为了省钱，我们拒绝了掌握成熟技术的师傅；为了省钱，我们自己组建装修厂房车间，导致不断返工。光是申请生产许可，就花了近一年时间，市场早已将我们甩在了后面。

创业不能理想化，否则必将付出代价。

种树与结果

经历了这次失败，有一段时间，我都在迷茫，不知道自己以后要做什么。团队解散后也尝试过一些小的项目，但并未持续多久。今后的路如何走，要放弃吗？还是坚持？两种念头在脑子里打架，找不到答案。我开始怀疑自己是否太过于依赖团队，毕竟一直是一群人在走，不知道自己一个人去做一件事，又会如何。

因此，我选择去徒步，独自走一段漫长的旅程。买好装备，就乘车去往灵宝的函谷关，那是我的起点。一路上，不同的人文，不一样的风景，跟错导航，下雨徒步，饥寒交迫，被狗追，好多次差点露宿野外，但都坚持了下来，最终到达了旅途的终点——嵩山少林寺。

相较于多年前的延安徒步，我体会到人生更多时候是孤独的，能否坚持，不取决于别人，而在于自己。遇到问题，需要自己勇于面对，想出解决办法，而不是依赖团队，期望别人解决难题。接着，我又去陕南的山村独自过了一段时间的"隐士"生活。

2015年，就在我准备放弃继续走农业创业之路的时候，我被推荐参加了北京乡建中心的一次生态农产品工作坊，在那里结识了不少全国各地做生态农业的农友，也认识了让我继续从事生态农业的老师——许东胜。当时只有短短一星期的相处和交流，但我对他的种植理念产生了很大的兴趣。结束学习之后，便去拜访了他的"三道湾生态耕读园"。

一进园，我就被所见的景象震撼了。一条曾经被用于电厂排放废水、废渣的灰沟，土壤早已无法直接耕种，在如此恶劣的条件下，许叔竟然种成了果树！

冬季的渭北土塬，满眼黄土，一片萧瑟肃杀之感。在许叔儿子索义的带领下，我进入一片苹果实验园。当时早已过了采摘季节，只有零星的小果在树上。我随手摘了一颗咬下去，没想到回味无穷，那口感令人至今难忘。因为当时对果树一窍不通，看着一棵棵小苹果树，我还以为它们是三四年的新树，后来才知道已经栽种了八年，并未进行过任何修剪，完全任其自然生长，就连浇水都是靠天，用许叔的话说，这叫"破坏性试验"。对此我十分惊讶：到底是用了什么样的方法，才能让果子如此的香甜好吃？那一刻，我决定留下来成为许叔的学徒，学习果树修剪和管理。

冬季的果园格外寒冷，我就在果园中和索义以及其他工人一起学习剪树。实践之外，让我能系统性掌握整个果树生态简化管理技术以及其中的思想的，是与许叔去参加的各果业大县的技术交流和培训会。有时我们甚至凌晨五点就起来，开车去三四个区县交流技术，一直持续到晚上。许叔精力很旺盛，每到一处，必会去果园里直接实操，我就拿着摄像机边录、边看、边听。

在许叔的讲解中，果树管理不再是一个个枯燥的技术知识点。他常使用通俗易懂的俗语，讲得妙趣横生，也善用比喻，小到一个组织的发展、一个村庄的治理，大到一个国家的治理，都可以被他用来类比果树治理。

比如，在讲到冬季桃树枝条满树、过于旺盛如何处理时，许叔就玩笑说："你用剪子去短截和压制，就好比你家的牛惊了，你拿着鞭子撵，越撵，它跑得越远。若你不管它，把料拌好，它跑累了，饿了，闻着味儿，就乖乖地回来了。"这就是说要顺势而为，枝条过于强势，需要通过自然生长来把这股力量卸掉，而不是在冬季通过修剪来压制植物。等到春天万物萌发，花开后，枝条的营养服务于繁殖后再进行修剪，就能达到疏花、调整果树枝干平衡的效果。

这样的例子还有很多，许叔讲过之后，连我这个外行也能很快明白技术的要点，有经验的果农就更容易掌握了。我曾经惊呼：这哪是果树修剪培训，完全是在将生态学，道家无为而治、顺势而为的哲学和儒家的经世致用之道融合在一起。这些学习一度让我对果树管理十分痴迷，就连看到路边的绿化树，都会忍不住去观察它的状态，思考工人的修剪是否有问题。这使得我继续执拗地坚持农业这条路。

然而许叔就像是个矛盾体，他管理果树的技术和思想，在我看来是组织管理和社会治理指导的典范，但在和自己的家人、同事相处方面，他却完全在用中国传统封建社会的家长式管理方法。

我在许叔的团队中两进两出，原因也在于此。所有的一切都是许叔一个人说了算，在生产技术方面这并没有什么问题，也有助于统一标准，但是其他方面就会产生非常大的问题。因为在家长式管理中，老子强，儿子弱，所有事情都是家长决策，儿子只能听话照做，作为外人，更无法参与其中。因而虽然我们建立了很深的感情，但无法一起合作，共同实现理想和目标。而且在掺杂家庭关系的情况下，工作与生活搅在一起，财务等方面更是很难分离，对新加入的成员或投资者而言，这些都会成为阻碍整体发展的巨大问题。

在离开那里后的一段时间，我又一个人跑去承包了一小片桃园，实践所学。所有的事情都自己一手一脚去做，时常感到孤立无援，想要个帮手也没有。仿佛自己的路越走越窄，实现推动乡村建设的理想似乎遥遥无期。由此,我深深体会到陶渊明式的生活或许并不适合我,还是要回到合作上来,通过团队优势互补,形成合力,才能实现更大的目标。

信任与希望

什么是合作的基础?我相信它来源于对共同目标的认同和彼此的信任。一路走来,虽然还没实现最初的目标,但幸运的是,遇到了很多帮助我的人,而且这些人总是在恰当的时机出现,向我施以援手。

参加西北新农人网络的两年,丰富的培训学习固然重要,更重要的是结识了其中可爱的伙伴。网络成员们大部分都在崎岖的农业路上艰难走着,因为都做着相同相似的事情,因而有着天然的亲切感。也正是因为这个网络的建立,让我们曾经分散各处的个体,逐渐开始融合。

2018年,我在又一次独自种桃失败后,偶然与现在沃野青青团队的当家郑力行——也是西北新农人网络中的一名成员,在车上进行了两小时的谈话,找到了久违的、志同道合的伙伴。致力于发展生态农业,振兴乡村的共同想法和理念,让我们走到了一起,在而立之年,坚定走生态农业这条路。

沃野青青这个名字是我们一起探讨命名的——"沃野千里,青青满园",是美好的愿景。但一切都需要我们去努力,找到实现的路径。2018年加入时,团队从之前的5人变成了2人,再到3人,然后到现在的5人。创业这条路太过艰辛,志同道合是彼此合作的必要条件,现实困难考验着

与果农交流修剪技术

在沃野青青带领孩子们观察自然

团队中每个人的能力，也考验着整个团队的能力。

过去两年磨合中，我们经历了"初恋期——蜜月期——冲突期"几个阶段。最初加入时，很多想法一拍即合，执行上也很顺畅，随后出现了不少问题，这与我的能力和经验关系非常大。随着分工上的转变，我从果园管理转到了销售服务，逐渐脱离生产工作，但在销售经验和能力上，我只能给自己打 50 分，很多方面需要提升，有时候内心会很焦虑，甚至怀疑自己。在团队里，老郑作为一把手，由于事务性工作非常多，导致我们沟通与生产都发生问题，产生极大的焦虑，逐渐进入冲突矛盾的爆发期。新人的加入，更加剧了理念方面的冲突，给我们带来了更多考验。

值得庆幸的是，在关键时候，作为团队创始人的老郑起到了定海神针的作用，带领我们迅速冷静下来，有针对性地分析和解决具体问题。虽然还有年轻时的冲动，但进入而立之年的我们也因过往的经历逐渐成熟，不再无休止地争吵，而是学着用理性的方式解决问题。

2019 年到 2020 年，农场在业务上逐渐打开局面。2020 年年初开始了新园区的建设，虽然新冠疫情肆虐，但还是按照既定规划开启新的征程。新园区建设牵扯了团队很多精力，几乎是老郑一个人扛了下来。作为团队成员的我也在此时进入了人生的另一个阶段，和爱人走入婚姻殿堂，担负起家庭的责任。但由于近十年并不成功的农业之路，囊中羞涩。十分无奈，这也是很多新农人所面临的现实问题。事业与生活之间如何平衡，是我需要学习的新领域。

回到事业上，由于农场业务线过多，人力不足，导致产品不稳定，扩大规模的同时产生了许多问题，尤其存在大锅饭现象。虽然我们在不少地方尽可能节省成本，但又因为管理上的漏洞和问题，造成损失和浪费。这也在告诫我们，需要尽快提升团队管理能力，在业务上重新整理规划，抓主要问题和矛盾。经过近三年的磨合，我更加坚信我们的路越来越宽，事业越来越有希望。

回头再看这十年的创业之路，有些弯路是人生绕不过去的，但需要坚定信念，相信团队的力量。在充分信任的基础之上，合作才能够发挥"1+1>2"的效果，天地才会愈发宽广。

记得在我们一起讨论和制定使命和愿景时，曾经描述过的美好蓝图：在风景优美的南山下，我们有着自己的社区，孩子们快快乐乐地玩耍、成长；老人们三五成群，回忆当年，其乐融融。远处是我们的社区医院、社区学校……未来，我所在的这个地方，能如我所期望的那样，此生便是有了意义和价值。

人物小传

陈星，毕业于西北政法大学法学专业，沃野青青生态农场（陕西沃野青青生态农业科技有限公司）合伙人。

巨额负债下的六年

吴龙龙

激情燃烧的创业之路

我是大山里的娃,和很多农村出身的"80后""90后"一样,也曾向往都市的繁华,以为努力考上大学,就可以逃离那个贫穷、落后、闭塞、荒凉的农村,越远越好,从没想过要再回来。可当我糊里糊涂地进入北京农学院动物科学专业,机缘巧合又让我逐渐意识到乡村才是我内心向往的去处。

尤记得在大学的食品安全课上,我第一次知道了瘦肉精、苏丹红、三聚氰胺……以及它们带来的惨剧。这些东西让人特别不舒服,很沉重。通过专业课的学习,我对工业化、商业化之下的食品安全问题产生担忧,心中开始生出做生态农业的念头。

从一次偶然在北京小毛驴市民农园下田种地的体验，到后来去云南贫困山区支教的经历，再到了解国家对西北脱贫发展的政策，都让我产生了回乡创业的想法。大学还没毕业就开始着手准备，迫切想要回到家乡广袤的天地施展拳脚。但当我攒够 3 万元人民币，怀着满腔热血返乡发展生态农业后，才发现道路比自己想象的艰难崎岖多了。总有一些坑，一不小心踩进去就得摔跟头，还会欠一身的债。

我的家乡在甘肃庆阳宁县的一个小山村里，背靠子午岭，是农林牧交错地带，有世界上最深厚的黄土层，特别适合发展种养结合的循环农业。2015 年年初，我向村里承包了一座山头，重新开垦被村民撂荒的 200 多亩耕地。这些耕地抛荒的时间长达十年以上，完全不用担心化肥农药残留，但考虑到新垦的土地肥力不足，要先养上两三年，就全种了糜子——一种西北独有的耐干旱、贫瘠的谷物。我们还在一片荒坡上植树造林，希望通过改善生态环境来营造良性的局部小气候。

在这期间，我利用村民废弃的、长满荒草的窑洞做起小黄牛（早胜牛）的养殖，计划来年用它们腐熟的粪土肥沃土地。那时因为没有钱请大型挖土机，养牛的牛场全是我和二叔、表弟们起早贪黑好几个月，一锄一铲平整出来的，牛棚也是我们自己买钢材搭建的。这个牛场到现在还在用。我仍然记得，那时磨出了满手茧子的我们对正在做的事业热情满满的样子。

这一年，我爸妈和大舅相继从打工的城市回到家乡，曾经分散各处的亲人，因为农场又团聚在了一起。好像事情应该越来越顺利了，然而一切并未像我设想的那样发展。

接踵而至的经营困境

由于采取以放养为主的养殖方式,我们的早胜牛最少得养四五年才能出栏,这意味着短期内,养牛不会带来收益。另一方面,刚开始养地用的作物,产出效率也较低,生态方式种出来的糜子全部进入了普通市场,卖给二道贩子,只得到几千元,完全入不敷出。不知不觉,到2015年年底,我向亲戚、同学借的钱就已有二三十万,其中约十万花在开荒种地、植树等种植生产方面的人工和机械成本上,剩下主要用来买牛犊,而购买窑洞的借款也是后几年才陆续还清的。

第二年我们还得平整土地、修路,不然农事没法进行,只好硬着头皮继续借钱。我们新添了几头牛,顺带养了一群本地绒山羊,还和村里合作承包耕地,用于种植生态苹果。那年作物的收入依然微薄,一起奋斗的亲人没有得到一分钱的工资,生活困难,导致家庭内部矛盾日益加深。然而,就在那年年底,各种债务将我逼入墙角之际,"精准扶贫"方略来了,我获得了20万两年的无息贷款,资金上的燃眉之急得以缓解,可与此同时,我的负债增加到了70多万。

2017年起,为了能有较快的现金流用于还债,同时能支出日常生产费用,我们养了出栏周期比较短的鸡,即使如此,最后收益还是不够支付贷款利息,后来不得不卖掉养了还不到一年的山羊抵债。接着又尝试放养一些黑土猪,可总是收益微薄。渐渐地,长期现实的压力让我们这个亲属组成的团队士气低落,没有了起初的干劲,内部分歧也越来越大,甚至发展到一言不合就打架闹事的地步，我才意识到自己过去太理想化了。做生态农业可能只是我的理想，并不是我父母亲人的，他们都是最普通的农民，辛辛苦苦都是奔着过好日子去的。而且我只懂养殖，并不擅长经营管理，更不知道如何处理亲属间的矛盾。

2017年，就在我处于迷茫之中，不知接下来如何前进的时候，我参加了梁漱溟乡村建设中心发起的"头雁计划"。在走出山村，与外面的朋友交流、接受培训的过程中，我才恍然大悟：自己的农场当时面临的最大问题不是债务，也不是团队矛盾，而是没有生态产品的销售渠道。辛苦生产出来的产品，只能低价卖给普通商贩，没有合理的销售收入支撑生态农业相对高的生产成本，导致农场经营无法良性地循环下去。

2018年，我参加西北新农人培训，认识了更多生态农业领域的农友、师长和消费者，感觉自己的世界进一步被打开。原来，在这条路上我不是孤军奋战，还有很多伙伴同行。和他们的沟通学习，让我对农业有了更深的认识，发现自己头两年其实是在闭门造车。

后来一次偶然的机会，国内新农人的典范石嫣姐来我们农场考察。当她说要通过分享收获农场帮我们卖生态种植的黄豆、红小豆时，我高兴坏了，这是我们的农产品第一次走入生态渠道。不久后，因为非洲猪瘟和环保整治，很多农场养的猪都被强制捕杀，反倒是我们这样的偏远地区未受其害。分享收获农场得知后联系我们供应猪肉，我又是兴奋得不得了，可随后就发现还是困难重重。

因为我们以前都是过年的时候才卖猪，宰杀以后一扇一扇地卖，从来

巨额负债下的六年

白天牛在山上自由吃草

给小猪和小牛喂食

没有分割过,也没有真空包装,但是分享收获农场一开始就要2斤一份的独立装,而且需要把很多部位分割出来。我当时别说是经验了,见都没见过。于是,我去银川找西北新农人里面的小吕哥(吕立军)他们学习了两次。我像小学生一样看着他们操作,他们又手把手教我分割,当时真是又好奇又吃惊。

回到家,根据分享收获农场的要求,我们摸索着开始分割猪肉,可分割打包好以后,新的问题又来了:怎样才能运到北京去呢?当时,我不知道咸阳机场有顺丰冷运,而是直接发了顺丰空运,一斤猪肉的运费高达11块,但分享收获农场给我们的价格还是比卖到普通市场高很多。猪肉好不容易到了客户手中,我们却又收到很多投诉。为了避免重蹈覆辙,我不停地通过网络平台学习专业的猪肉分割技术,问朋友圈里卖猪肉的朋友等,也不知道经过了多少次的改进,大概一年多的时间才做到基本没有投诉,农场的经营状况也开始好转。只是这一年,我的债务依然只增未减,达到160万了,其中10多万都是利息,越滚越多。

不期而至的惊喜与转机

直到一个天大的惊喜向我砸来,我从来没有想过自己会上电视,更没有想过还是湖南卫视的《天天向上》节目,完全是托石嫣姐的福。录制节目的时候,我又有幸结识了绿手指有机农场的当家邹子龙,他后来成了支持我们生产的合作伙伴。节目播出后,我的牧童心生态农场也被越来越多的人知道。突然有一天，有人联系我说，想来我们这个穷乡僻壤的大西北做三个月志愿者，还是个女生。我们一直缺钱，也很缺人，抱着试一试的态度，我答应了。

这位叫琪琪的姑娘也真的来了，在2019年11月。在工作相处中，我发现我们都有乡村情怀，有一起想做的事情，很多想法也相似，而且性格有些互补，在一起感到很舒服。慢慢地，我感觉自己喜欢上了这个不一样的南方姑娘。可此时我已经负债200多万，除了脚下的土地几乎一无所有。她却说："不，你还有我啊。我会在背后支持，用尽我所有的力气。"那一刻，我们真的是不咎既往，不问前程，但求认真地活在当下，和喜欢的人在一起，做喜欢的事。

我们相爱了，之后，结了婚，有了孩子，像做梦一样，但确确实实都发生在2020年。在这一年里，琪琪不仅帮我梳理账务、控制成本、改善管理，还能写会画，打点起了线上店铺和公众平台。似乎我不擅长的，恰巧她都会，搭档起来很合拍，做事情顺畅了好多。尽管农场生活条件不好，时不时会饿肚子，还有很大的债务压力，但她好像觉得这些都不大重要，更重要的是内心的富足。我们是同甘共苦的夫妻，也是惺惺相惜的战友，我时常庆幸这神奇的缘分。说到这儿得再次感谢石嫣姐，她不遗余力播撒的社会生态农业种子遍地开花，影响了很多人，也促成了琪琪和我的姻缘。经过我们的努力，以及同行和消费者的支持，2020年，我的负债五年来第一次开始减少。

2021年是我返乡从农的第七年，我们依然脚踏实地，走在故乡的土地上。回望过去的这些年，虽然负债累累，累到生病，但我心里的生态梦一直都在。我不太聪明，也有很多不懂的东西，但我就像大学跑1万米竞赛时那样，靠着决心和意志力，跨过农业路上的一道道坎。不管未来如何，我只想把握每一个当下，继续保护土地，生产健康的食材，与树一起，与山一起，与每年春天如期而至的紫丁香一起……

人物小传

吴龙龙，毕业于北京农学院动物科学专业，牧童心生态农场负责人。

返乡的N种可能

刘彦龙

假如给你一块"净土",你会用它做什么?从这个问题出发,我进入了有机农业、社区支持农业(CSA)的模式,一不小心就做了7年。

一个萝卜为啥可以卖10元

我的家乡在陕北,我在黄土地里面长大。2009年,我来西安上大学,看不到黄土,城市几乎被混凝土覆盖。大学期间,我学习的专业是材料科学与工程,刚好和城市化发展所需要的混凝土建筑材料水泥有关,当了解到这种材料背后耗费的大量能源以及我们为此付出的环境代价,城市和乡土,在我心里形成了一种难以形容的矛盾。

毕业后,我找了一份与专业相符的工作,凑合着做了一年,后来又进入广告行业，可一直没有找到安心的感觉。在做广告工作时，我偶然看到清华大学博士后石嫣老师做有机农业的报道，令我大感好奇：这样有知识、有文化的年轻人为什么做农民？我很想弄明白这种"不合逻辑"的选择是出于怎样的动机，并隐约感到这背后有什么东西召唤着我，或许是内心深处对乡土文化的喜爱吧。

2015年，我第一次去小毛驴市民农园，也就是石嫣老师所在的生态农场，在那儿吃到了10块钱一根的萝卜。为什么这里一根萝卜可以卖这么贵？在我的家乡，一根大白萝卜只要1块钱，每根足有1.5斤左右。

从农场的工作人员口中我了解到，他们在种植过程中不使用化肥农药，不用除草剂，所以要花费很多人工去拔草。在病虫害防治方面，他们采用物理和生物技术，这也会增加生产成本。农场打工的农民会把农家肥加工成肥料。这种肥料不仅提供单一的氮、磷和钾，还含有很多微量元素，使土壤营养丰富，植物吸收的养分更多，结出的果实营养更均衡。植物长得健康，也就很少生病了。

而且农场的每种产品都有相关介绍，具体到了种植者是谁，产品所在地的饮食文化和精耕细作的方法，每一款产品都是它所在地传统文化的呈现。农场也会定期约生产者和消费者面对面交流，不仅提供安全食材的分享与配送，更像是在进行传统文化的交流和传承。了解了食物背后的故事以及人与土地的友好关系，再吃这样的生态萝卜，我都连皮一起吃掉，仔细品尝自然的产物、自然的味道。

小毛驴农场的实习之路

2016年,我申请成为了小毛驴市民农园的实习生。农场每年都会招募一定数量的实习生,从春3月到深秋11月左右,学习生态种植、CSA社区农业的运营和乡土社区的营造,为期将近一年。这里被称为中国CSA社区农业的摇篮,很多人受到启发,开始了自己的有机农业之路。

在这几个月里面,我们学习了堆肥,这也是生态种养殖结合的有机农业改良土壤的第一步。在一些地方,人们大量使用化肥和农药,致使土地板结,没有了可以供植物吸收的微量元素,让微生物失去了生存空间。而堆肥把植物秸秆和农家肥结合起来,就像汉堡包一样,一层秸秆,一层农家肥。农家肥含有大量的氮,秸秆的碳元素相对多,通过微生物将其中可降解的有机物转化为腐殖质,可以改变土壤的孔隙率、保水性,增加土壤的微量元素和营养成分。最重要的是,有机质是微生物的食物,有了食物和生存的环境,土壤中的微生物可以持续不断地改变土壤结构,增加土壤养分。

另一个让我大开眼界的是农场运营的社区支持农业模式,这是由国外引入中国,意指城市社区居民(消费者)与农场携手合作,相互支持,共担农业生产中不可控制的风险,同时分享收获。

CSA的具体做法是这样的:农场把部分土地划成30平方米的小块,每个家庭提前预付一定的金额,用于土地管理和农场运营,而这30平方米土地所生产的食材,会全都提供给付款的家庭。为什么是30平方米?经过长期摸索，人们发现这样一块土地上种出来的食材刚好可以供应一个家庭一年的需要，同时，对于并非专业从事农业生产的家庭来说，这样大小的土地刚好能实现他们农耕体验和休闲锻炼的目的。

整个过程中，农场提供种子、幼苗、水、肥、生产技术和种植规划等方面的服务和运营。如果遇到自然灾害或病虫害暴发等不可抗力，消费者和农场一同承担风险。

与此同时，在每个与农业生产有关的传统节日里，农场会组织活动和社区居民一起体验和实践，比如端午节包粽子，八月十五打月饼，腊八制作腊八粥，大家一起腌菜、包饺子、做包子，秋收冬藏。消费者可以带着孩子来这里做自然体验：认识花草，喂养动物，在树上摘果子，在河里摸鱼，在四时变化中，了解传统文化，感知生命。

在这个过程里，发生变化的不仅是种菜的地方，还诞生了一个拥有乡土生活气息的公共空间。劳动变成了一种生活，食物不再是冰冷的、超市货架上一排排的商品，在这个公共空间里，土地、空气、水，一切生命都会说话，也与我们的健康息息相关。这里变成了周末度假的地方，有生命、有亲情、有陪伴、有成长和友谊的大家庭。这是农场让我最着迷的地方。

返乡创业之路

"山丹丹的那个开花哟，红艳艳，毛主席领导咱打江山……"对，这是我们陕北的民歌。喝不完的小米粥，唱不完的信天游。

这里有独特的人文和地理环境，生产的小米好喝、养胃，据说坐月子的婆娘最喜欢了。和多数小毛驴市民农园的实习生一样，带着为更多人提供家乡安全健康食材的理想，实习结束后，我选择返乡创业。那时，我天真地认为让陌生人也能吃到健康的食物，让他们也获得健康，就是有意义的事。只要有一个人能够认可我种的食材，就算是成功了。

2017年，我返乡做的第一件事是整地：把家里自己的坡地推成大梯田，一方面，便于机械化作业；另一方面，把含有化肥农药的土质去掉。接着，用堆肥的方式改良土壤，制作环保酵素，收集土著微生物。得到的这5亩地，我把它定位为小米种植示范基地，虽然面积小，却能起示范作用：一边种，一边发展村里的农户和我一起做生态种植。

那时我特意找了5户家里养了大量羊的农户合作，有羊粪作为肥料，可以更容易地实现生态种植。我告诉农户："只要今年不上化肥和除草剂，勤快点，秋天我一斤小米6元收购。"听到6元收购的承诺，他们虽然心动，但也有很多顾虑：一方面，怕我说话不算数；另一方面，大家习惯了粗暴的施肥方式，化肥可以快速见效，他们担心如果不上化肥，庄稼长不起来，收成会减少。

"化肥，让人吃饱了肚子。"谈起没有化肥、农药的时代，六十岁以上的老农民表示自己经历过吃不上饭、给政府交不上公粮的生活，这让他们害怕饥饿，不愿放弃产量；至于健康，那是高于温饱的更高追求。村里人很多都没怎么去过大城市，不知道现在消费市场的需求，也没有人告诉他们农药在使用过程中会混合在空气里，不做好防护措施是容易得呼吸道疾病的。

好在他们年龄大了，也不靠种地挣钱，自家够吃就行了。价格的诱惑和农药对身体危害的知识，让他们愿意与我合作。于是，我们最终达成协议，安排好了一年的生产计划。

接下来我就和西安农夫市集谈合作。收购价是7元，我给自己留了1元的利润，心想产地供货价格便宜，市场价格就会低，那么选择我的小米的客户就会多一点。当时我完全没有财务意识，过于理想化，只是想更多人和我一起干。结果当年消费端的走量并不大，需要我再去开拓外地市场。一连跑了福建、云南等地推广小米，结果高估了不同地区对小米的需求，销售也不理想，折腾下来的费用远高于利润，入不敷出。

第二年，安排好种植计划后，我就定位区域销售，只是针对西安市场，一边打工，一边做社区活动，推广小米。我继续和西安农夫市集合作，市集需要多少小米，我就和农户签订生产多少小米的合同。这次我们采取的模式是市集先预付部分定金，秋天收米再把剩余的货款补齐。收取定金，一方面可以保护农户，在不上化肥就进行生产的前提下，即使农夫市集卖不掉小米，或者毁约，也能避免农户的损失；另一方面，农户一旦没有按照合约的要求种植，就需要把钱退给市集。在这个模式里，我变成了中间人的角色，作为农户和市集的纽带，负责品控、包装和物流。

第三年，由于打通了信息渠道，市集直接和农户合作，让我没有了存在的价值。这件事给我的教训就是，产品一定要有商标保护和品牌意识。我的小米没有上商标，消费者只知道是我们村的、谁种的、生产方式是怎样。因为没有品牌，市集就可以跳过我，直接和农户合作，节省了1元钱的成本。

这一年，我在种植、小米磨坊、农村淘宝等方面都做了工作，还养了500只鸡，践行了不同的想法。经常做着一堆事，又想着别的项目，不仅耗费大量精力，又没有规模效应，还把父母累得够呛，自己的月收入连3000元都不到。

规模小、事情杂，还不专业，是我那段时间的真实写照。如果重新再做，我一定首先做好整体规划，明确可以持续发展的盈利目标，在此基础上预估营收目标，明确自身规模，然后倒推具体计划。开源节流，减少开支，扩大客户，专注专一，同时不断学习和更新认知。

沃野青青公社的合伙之路

2019年，我加入了沃野青青公社。这是一家大学生返乡创业的农场，距离西安有不到一个小时车程，经营水果、蔬菜、米面油和亲子游综合服务。

一方面，其中两位伙伴是我在西北新农人网络的同学，大家在一起学习两年，理念思想、认同感都一样。另一方面，我也想借这个机会给自己做减法，以业务合作的方式加入农场，担任销售和业务方面的工作。

这样，一年的时间我可以这样分配：春天和秋天回老家春播、秋收，剩下的时间在西安跑市场，做宣传，拉客户。具体来说就是寻找社区店代

孩子们来农场参加自然教育活动，认识蔬菜。

卖合作，销售我们的商品如西红柿、桃子、小米等；与企业团建负责人和亲子游乐场所负责人建立联系，组织他们来农场做亲子活动。

这样的合作自由度比较高，同时农场也能给我一定的生活费用，但由于是初创企业，很多制度和绩效并不完善，导致我因为一件事情一时冲动离开了农场。后来静下心来反思，年轻的团队里大家都是摸着石头过河，更需要学会多沟通，多担待，大度包容。而且自己还是喜欢在农场工作，喜欢乡土生活，想做的事情又刚好是这个农场需要的，就决定回去。

现在，我在沃野青青负责企业宣传和社区线下活动等工作，拍照修图、写文案、配送、跑社区店。我希望通过文字、照片和视频,让更多的社区居民看到自己一直念念不忘的田园生活和乡土文化,传达沃野青青的生活方式和理念——哺育健康的土壤,风险共担搞生产,最重要的是传承传统的乡土生活,我认为这是我们的根基所在。

数千年来,天南地北的大中华在这片土地上孕育出各具特色的乡土文化。这种文化曾在城市化的进程中慢慢退化,农场对它的传承是未来的植物工厂、资本运作下的各色园区取代不了的。每座城市周边都需要这样的农场,每座城市也会因为这样的农场而有所不同。

人物小传

刘彦龙,毕业于西安建筑科技大学华清学院,绥德县燕子种植养殖家庭农场负责人,沃野青青生态农场(陕西沃野青青生态农业科技有限公司)合伙人。

第三章 他山之石

返乡，需要新农人脚踏实地，辛勤耕耘。

他们也需要打开视野和心胸，多多向外探寻新的经验。

返乡的新农人，回归的是脚下的乡村和土地，某种程度上也代表着不守旧，敢创新。要鼓励自己多吸收不同领域的认知，借鉴不同地域的经验。

他山之石，如有可能，就要为我所用。

果园里的生态平衡

李 立 君

我叫李立君,从 2011 年开始做有机苹果相关课题的同时在家乡实践,如今已经回到家乡,全心经营 55 亩生态管理的苹果园。

我们的产品在产量和质量上还算可以,单纯从种植角度说,亩效益也可以到 3 万。我的实验、实践的经验和心得,可能对入门从业者来说有一定的借鉴价值,在此做一些简单的分享。

"再复杂的事物,本质逻辑都是简单的",这是中国科学院大学特聘教授孙玉麟老师多次教导我的一句话。农业也是如此,复杂,但有简单的逻辑——平衡。

农业,尤其是生态农业,是由生物、土壤、气候、时间、人等元素错综复杂、有序结合的综合体。农业系统的生态恢复,是这些元素协同进化的演替结果,也是一个动态平衡的过程。我们的作用是观察、理解、调控平衡，在尊重规律的基础上，得到我们想要的东西。所以，简单来说，我们要做的就是抓住"平衡"，这样，农业的逻辑就变得简单了。

有人说生态农业没有产量，这个说法是片面的。尽管大多数生态农业的产出很低，但我们还是要分析其内在逻辑。水肥供应是满足产量提高的物质基础，常规农业主要用化肥，生态农业可以用各种有机质、覆盖作物固氮、活化土壤养分等方式达到类似的供应。有了养分就可以有作物的生物量，自然就可以有产量。将植物的产出变成有效产出，就要减少次品，这就涉及病虫害管理问题。可以看出，所谓农业的平衡应该聚焦到养分平衡上。土壤养分是产品形成的基础，病虫害是消耗，只要在采收、带走营养的同时做到适当补充，这个系统就可以维持。

有些朋友用自然系统做对比，觉得农业不需要过多的人为干涉，这样的逻辑基础是不带走，也就不需要讨论人为的干涉程度怎么把握。以采摘野果为例，野果通常产量很低，人能带走的也不多，生物固氮、大气沉降等少量补充就可以满足养分供应。可如果想要多一点的农业产出，就需要多一些人为调控，满足不同种植者的需求。所以，从养分角度来看，"低投入低产出，高投入高产出"是有道理的，只不过投入的物质也要平衡。像常规农业只重视氮磷钾，不重视微量元素和有机质投入，也会造成养分和生态的失衡。长期来看，失衡一定会出问题，出问题就难以维持。可持续农业就应该建立在可以用养分平衡说清楚的平衡之中，其中有一种简单逻辑。

🚜 水肥——营养供应上的平衡

可以直接吸收的肥大都是可溶的,化肥是,有机质矿化后的离子也是。小分子氨基酸、腐殖酸等也能被植物少量吸收。水可以溶解营养物质,带给植物吸收。在土壤养分充足的情况下,浇水就相当于施肥。

生态农业不能使用化肥给果树补充养分,我们有很多更好的替代物质,比如果园里的植物残体:枯草、树叶、枝条,农家肥也是很好的材料。我们果园附近有一个林蛙养殖户,喂林蛙的黄粉虫是他自己养殖的,我们就把黄粉虫的粪便拉来,把它作为果园的优质肥料之一。

化肥有其速效和精准性,而农家肥的养分释放会缓慢一些,起作用需要更长的周期。因此我们调整思路,比如5月份的作物需要补充氮元素时,可以选择直接施用液体肥如沼液、尿液,让植物更快地吸收;牛粪这种释放比较慢的需要提前一个月去施肥,让土壤有储备的过程,在需要肥力的时候能使上劲。

在实验过程中,我们会通过计算,在常规种植和生态种植中分别施入含等量氮、磷、钾的化肥和农家肥。在20厘米土层中,生态果园有机质初始含量是1.8%,常规种植的果园不到1%;在科研完成时,我们的果园已经可以达到2.5%了,现在达到了3.5%。当然不是说有机质越多越好,腐殖质的占比也非常重要,土壤中即使有10%老熟未腐殖化的麦秸,对于土壤改良和植物生长的影响也很小。

农家肥中的氮、磷在土壤中存留的时间更久。施入等量的氮磷钾(常规种植用化肥，有机种植用农家肥和矿粉），最后有机种植土壤的养分持有量更大，是化肥投入的一倍多。这是因为化肥中的元素很大一部分挥发到了空气中，或者被雨水冲刷，流入地下水系。看来过量使用化肥会造成环境污染和资源浪费。基于比较和研究，长期来看，当我们投入同样多的元素，采取有机种植对产量的贡献更大。

我们做有机苹果高产攻关时，投入3吨养分含量比较高的农家肥，可以获得9000斤的亩产。实践中，我们投入2吨农家肥并适当控水，可以得到5000斤的亩产。施肥方式与施肥量，往往取决于你的需求是什么。通常来说，我们在尊重自然的基础上根据需求做投入，充当一个养分平衡的辅助者就好。如果诉求是亩产5万斤，可以说是不尊重自然规律的，因为果树很难有这样的能力，肥再多也满足不了人的欲望。

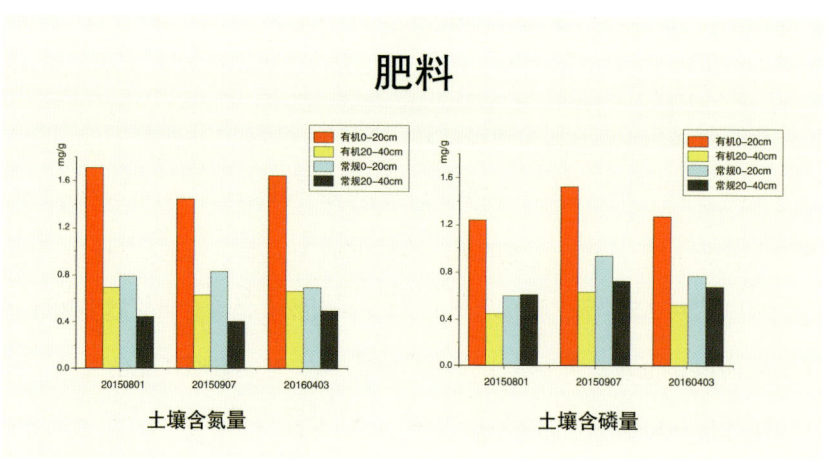

土壤肥料含量

🚜 病、虫、修剪——营养分配上的平衡

作物从土壤中吸收营养，结合光合作用，枝干、根系、叶子、果实得以生长，还要被共生菌、有害菌、害虫、鸟等消耗一部分。养分分配系统工作过后，剩下的便是我们最终的收获。在营养供给稳定的情况下，根据自己的需求调控分配，这就是农耕管理。对于苹果的农耕管理来说，较为重要的环节就是治理病虫和修剪等。

因为不能使用农药进行治疗，生态农业的病虫害重在预防，总是要想在前面，未雨绸缪，这也是发展生态农业重要的思路之一。

我们希望农业系统让自己收获多一些，不想让病菌和害虫消耗太多。对于作为商品的苹果来说，一个虫蛀决定了一个苹果的市场无效价值，吃一口糟蹋一锅的损失是很浪费的。那就要想办法减少病虫害，节约营养，用到有效产量上。

病害其实就是微生物侵害活体作物的过程。在我看来，微生物大体分为两种，一种吃活体，一种吃死物。

活体就是我们的作物，吃活体的微生物通常会对植物造成危害，导致落叶、烂果等；死物是指枯枝烂叶、腐殖质等，吃死物的微生物通常是对我们有利的，它们可以分解有机质，给植物输送养分，抑制有害菌。

有益菌多了，会起到"占位"的作用——占领空间，使其他菌的繁殖空间受限，最终令菌群结构得到调整。比如酵母菌、哈茨木霉菌、枯草芽孢杆菌就有较强的占位作用，是经常用于抑制病害菌的有益微生物。

为了预防病害，通风透光非常重要。光是很好的"杀菌剂"，阴暗潮湿的地方适合菌的生长，连续的阴雨天容易造成病害的暴发。我们果树的行距、株距都比较大，树枝之间不会交叉，再加上梯田略带坡度的优势，果园的通风透光条件要比常规果园好很多。

另外，有一些辅助性的药液可以对病害起到一定的抑制作用，比如用配置的石硫合剂进行防治，能把有害菌的基数降得比较低，抑制病害暴发。

再来说虫害。生态农业对待虫害的思路与对待病害的思路类似，重点

为了增强果园的通风和透光，我们的果树比常规果园种植得更松散，密度更低。

是创造不合适害虫生存的条件。要防治某类虫害，需要先了解它的发生规律和弱点，抓住弱点进行防治，可以起到事半功倍的效果。

比如苹果棉蚜，这种蚜虫会分泌一种棉絮状物质保护自己，它们一般从树干开始繁殖，尤其是树干的伤口。冬天在树干下越冬，春天往上爬——此刻它们的弱点就是喜欢集中行动。所以如果我们在春天用石硫合剂喷洒树干，或者用火枪扫一遍树干，不需要很多时间和人力，就可以消灭它们的大部队。否则，等到它们分散到叶片上，就很难对付了。前期做好预防会轻松很多。

苹果树还会生一种黄蚜虫，它会抑制果树生长。黄蚜虫不用防治，反倒能加以利用。剪掉的枝条越多，剩下的枝条越少，果树才会越"旺"。我们想要中庸树势，修剪的时候，先选择性地多去一些枝条，把有限的营养分配在更少的枝条上。待黄蚜虫害产生抑制，会让偏"旺"变为中庸树势，达到我们想要的状态。这个过程需要各种灵活而敏锐的调整。

同时，我们也会在苹果园里种植其他果树，一方面，增加果园物种的多样性——可以吃到更多水果；另一方面，它们也能起到平衡果园生态的作用。

化学农业对待病虫害的方式是用各种农药一喷了之。但这种做法现在越来越不管用了，还会带来环境和健康方面的各种副作用。与之相对，生态种植是一种思维方式，而不是一个固定的模板，需要农民根据具体情况和对象"对症下药"。但如前所述，我们"下"的不一定是"药"，这对农民提出了更高的要求。

会蜇人的刺蛾幼虫

引入瓢虫来控制蚜虫

如果某种虫害或病毒真的解决不了，它们早就遍布整个地球了。人们一定早就有抑制它们的方法，只要把抑制因素强化或放大，就能有效应对病虫害。

果树生长主要体现在两方面：一是营养生长，二是生殖生长。营养生长就是发枝、长叶、生根；生殖生长就是开花、坐果。二者之间需要有所平衡：如果苹果树本身长得过旺，发了很多枝叶，这就是偏向营养生长，生殖生长可能就会减弱，不成花长果子，就谈不上产量。在修剪枝条的时候，遇到这种情况就需要尽量少剪，甚至不剪，让吸收的营养分流在较多枝条，每根枝条获得的营养少了，也就不会疯长。营养生长受控，当然就会往生殖生长方面转化。但是如果果树过弱，没有很好的营养生长，只有

蜘蛛也能帮忙捕捉害虫

生殖生长,那么即使开很多花,坐很多果,但树本身没劲儿,果子也长不大,风味也不会好。如此,在修剪果树时,就要"多剪少留",让有限的营养分配到更少的枝条,每个枝条就可以获得更多营养。让营养生长有效进行,果树就有生命力了。

每个果园由于其地域不同、品类不同,情况都会不一样。生态农业的思路就是灵活应用,如果一成不变、照本宣科,90%都会失败。

我的果园从实践生态种植开始,果园生物多样性一直在发生变化。即便是同一个地域,同一片园子,都是我种的,不同的年份也在不停变化,所以我每年都会根据不同的状态调平。

平衡需要在一定的理解和实践基础上才能轻松拿捏,需要大量的会心观察和试探。我对自己第一片园子里的果树哪一年、哪棵树、大概结了多少苹果、锯除了哪些枝条、生过什么病，都了如指掌。只有充分了解，才能及时观察到变化。生态农业需要的是敏锐的洞察力，从灵感中高效催生出所谓"技术"，而一切"技术"，不过是在平衡的框架内的修修补补。

人物小传

李立君，出生于山东烟台，从2011年开始参与生态苹果相关课题，硕士毕业后回家乡探索可持续果业的发展逻辑，一直从种植与市场端深入探索，旨在解决农业发展的相关难题。

宁夏放羊哥的个人品牌打造

吕立军

返乡创业的重大选择

我的家位于宁夏中卫，黄河的冲积平原上。从记事起，就看见父母每天早出晚归、风吹日晒，等我长大一点，就开始帮助家里干一点农活。小时候有好几年，父母种的是萝卜，每天写完字都会有洗不完的萝卜在等着我，那时候心里想着，等我长大了可不能当农民，太辛苦了。

2001年大学毕业后，我留在了北京，选择了当时市场前景较好的房地产行业，从事财务管理工作，并通过自己的努力，成为公司的一名中层管理者。2016年5月是我人生的一个转折点。虽然事业处于上升期，但孩子不能在北京上学。我面临重大选择：是返回家乡，还是想办法继续留在北京？正好这时，宁夏有一位朋友向我投来橄榄枝，邀请我做合伙人，一起做散养羊的养殖创业项目。

在外漂泊这十几年，我对家乡愈发思念，连儿时觉得异常辛苦的农村生活也让我格外怀念。随着父母年纪渐长，在他们身边陪伴的想法也更加强烈。加上家里父母也养羊，有多年经验，宁夏还是国内较大的羊肉市场，经过一个月的思考，我决定举家返乡。

在这个创业项目中，我们主要聚焦宁夏散养羊产品，针对一、二线城市的白领客户，提供优质的羊肉，全程冷链服务，最大限度地兼顾肉质的口感鲜度、营养价值与安全系数。我和合伙人分工明确，他主外，我主内。他负责市场、宣传、对外联系，以宣传他的个人影响力为主。而我负责分割羊肉、安排发货、售后服务等幕后工作。

然而随着公司的发展，我和合伙人之间出现了分歧，在 2019 年下半年分道扬镳。这让我一度陷入绝境，家人和朋友纷纷劝我就此放弃。但我是那种一旦决定要做什么事，一定会走到底的人，再苦再难也不轻易放弃。复盘整个回乡创业的过程，我发现当时的目标并不清晰，只是跟着合伙人走，忘了我的初衷是要建设自己的基地，和父母生活在一起。

项目重新规划

2019 年年底我开始单干时，才发现自己对冷鲜牛羊肉市场的情况知之甚少。之前的三年，因为团队分工，我并没有花太多时间去维护、开拓市场，在当时的农业圈里完全碌碌无名，也没有固定的客户群。此时，我面临的问题是如何定位：我的产品如何定位，如何拓展市场，如何能让客户快速认识我、接纳我？

我很快重新分析了自己的市场和客户群。宁夏地区牛羊肉产品繁多，市场竞争压力大，而我的产品成本高，没有价格优势，在本地市场的发展空间很小。之前与朋友合作时，目标客户也是集中在一、二线城市，因为我们的品质有保证，全程冷链运输，加之销售价格也处于中上等水平，有很大的发展空间，所以我继续把市场定位在一、二线城市。

接下来是建设新的养殖基地，开发设计自己的产品。我头脑里心心念念的是父亲的果园，它地处宁夏中宁余丁乡金沙村，有近30亩的面积，与周边的一条黄河支流形成一个天然独立的生态圈。

果园从爷爷那里传到我父亲手中后，他一直秉持传统的耕作方式，很少打农药、施化肥，园子里散养着羊和走地鸡，羊粪鸡粪就是最好的肥料。园子里不仅种了枣、梨、苹果、李子、葡萄等水果，也种植玉米、苜蓿等作为羊的草料，整个果园拥有良性的生态循环。虽然面积不大，但各方面都能自己规划，产品从源头上就是可控的，这些都是保证羊肉质量的基础。

产品有了，质量也能保证，下一步就是开拓市场。我首先想到的是互联网销售模式，与一些线上的农产品平台合作，借助平台的力量，逐步扩大影响力。

2020年年初突如其来的疫情，给传统的实体行业一记重锤。消费场景的缺失、消费需求的骤减，让整个线下零售行业遭受重创，几近停摆，我在省外的餐饮销售渠道也大受影响。但是挑战往往与机遇并存，疫情催生了新的消费场景、消费习惯和消费人群，在线消费、在线办公和在线教育等成了成长最迅猛的消费新场景。

我看到其中潜藏的机会，可以利用这次线上经济的红利，来推广自己的产品。那么该如何打造个人形象，向手机屏幕另一端的消费者展示自己？

从零开始，打造个人品牌

当我开始搜索关于"如何传播个人形象"的信息，"个人品牌"这个陌生的新词突然出现在面前。按照我最初的理解，个人品牌就是一个人的人设，就觉得像是产品 Logo、标签一样。为了快速学习这方面的知识，我加入了当时非常出名的秋叶大叔个人 IP 学习营。通过不断的学习，以及老师们的带领，我学到了打造个人品牌的 7 种思维模式，目前主要是从其中的 6 个层面开始实践。

1. 定位思维

很多创业者都想打造个人品牌，但很多人根本没有搞清楚自己要做什么个人品牌。这时候，不妨问自己一个问题：你的用户群体是 C 端用户（个人消费者），还是 B 端用户（企业或机构）？因为 C 端用户主要关注你的网络影响力和网络上的人设认同度，如果认同度高，会大大增加你对用户的带货能力。而 B 端用户关注的往往是你在专业领域的知名度，在专业领域知名度越高，被企业认同的概率越大。针对不同的用户群，需要打造不同类型的品牌 IP。

接着你要挖掘自己的核心优势，也就是你擅长、热爱，愿意花时间精进的领域。想清楚这个，自我定位就明确了：我在宁夏，专注散养羊的养殖，能够提供健康、生态的散养羊肉。接着就需要一个让客户看第一眼就能记住你的个人标签，也就是立马清楚知道你是谁的一个关键词。在挖掘这个关键词的时候，就要想到客户从中能了解到的信息有哪些，比如我们做农业的，给客户展示的信息就有产地、产品，以及产品特点等。但关键词不宜过长，得短小精炼。在老师们的帮助下，我把"宁夏放羊哥"作为对外的主要标签名称。后来经过验证，每次进入一个陌生的群里，大家都会一直记得我的网名，而且这个名字辨识度较高。

2. 团队思维

创业刚起步的时候，我没有团队思维，认为只要把产品品质做好，其他都可以放一放。学习之后，我意识到无论有没有团队，都一定要有团队思维，才能持续经营，做大做强。

个人品牌的背后，其实涵盖了产品、内容、渠道、运营的四维团队组合模型。这四维模型对应了团队中的四类人：产品人、内容人、渠道人和运营人。其中，产品人满足客户需求；内容人通过内容吸引关注，带入流量；运营人服务用户，规划业务；渠道人负责获取外部流量。

大多数创业者在初期"一个人活成一个团队"，容易忽略个人对时间精力分配的整体考量，缺乏团队分工意识。结合我的实际情况，在团队的四维模型中，我自己作为产品人，通过对市场和客户的分析调研，开发出符合客户需要的产品。为了提高运营效率，对于自己不擅长的部分，我特地聘请专业的运营团队来策划宣传内容、管理社群运营。目前我所欠缺的是渠道人，这样的人能够帮助团队获得优质的外部流量，并与现有流量形成合作，增加流量多样性。

如果想让团队规模化，必须先把工作标准化，规划出合理的工作量，这样才方便设置稳定的岗位去寻找长期合作的人才。

3. 产品思维

我们在打造个人品牌之初，就应该尽早规划自己的变现产品和产品矩阵，在此过程中销售自己的产品，获得回报和用户的真实反馈，从而进一步完善产品矩阵，最终，把个人品牌落地到变现上。

构建产品矩阵的核心目的是形成一个产品漏斗，把潜在用户从市场中筛选出来，通过漏斗使其不断进入我们的核心用户群，搭建有回报的产品体系。其中主要有三类产品：引流型产品、利润型产品和锚定型产品。

设置引流型产品是那些为了让了解度和信任度不高的用户能在短时间内迅速做出决策、下单购买。这类产品的特点是毛利率不高，但转化率较好，通过进一步的运营和转化，能将客户引流至利润型产品上。基地盛产红枣，大部分是用来喂羊，我把一部分优质枣作为商品枣，它们产量大，利润低，客单价不高，是很好的引流型产品。

构建好引流型产品后，如果没有利润型产品承接，好容易吸引到的用户就会流失掉。红枣散养羊肉是我的利润型产品，有了之前对红枣品质的

▲ 在基地旁小山坡上散养的羊

◀ 果园的枣子

好感度，客户对于羊肉的期待就很高，产品一经推出，深受喜爱，转化率也极高。设计利润型产品时，要注意两点：第一，利润型产品要和引流型产品强相关，这样才能保证引流过来的流量后续转化率高；第二，在推广利润型产品之前，需要进行内测，达到一定的转化率之后再进行推广，这样才能保证产品的回报率合格。

最后还有一个类型是锚定型产品，主要用来树立品牌形象。目前我正在规划一款新的产品——枸杞羊，比之前的产品更高一个档次，价格高，供应少，每年也就几十只，具有地方差异化特色。

在果园里，鸡、羊随便跑，吃着不打农药的苹果。

4. 平台思维

平台思维就是考虑好先去哪个平台做内容，才能在更大的社交网络上让别人认识你。所以做个人品牌时，争取平台的扶持非常关键，因为平台制定了流量的分配规则，平台的流量扶持可以加速个人品牌的曝光。如何获得平台支持？首先要有持续稳定的内容输出，在其中注入个人特色。一开始最好不要多平台运营，因为个人精力和能力都有限，先集中力量在一个平台，积累到一定程度后，再将内容分发到其他平台。

今天，我们打开手机，里面常用的平台软件有 QQ、微信、微博、今日头条、抖音、快手等。我选择了微信视频号作为主要发布平台，它的日活用户有6亿之多，是个很不错的大流量池，而且抖音和快手在2014年就已经推出，平台当中的头部账号分布趋于稳定，少数头部媒体已经掌握了大部分流量，新账号很难有所作为，而微信生态圈中的视频号才刚开始运营，大多数人还没有开通，平台支持用户成长的力度也大，流量有可能青睐新的内容创作者。

微信朋友圈发布的内容，仅仅局限在熟人圈里，而微信视频号是个更开放的平台，能够进行迅速传播。于是我每天拍摄在基地的一些基本生活状态，通过视频号发布到网络，进一步扩大个人品牌影响力，吸引了一些新的粉丝。

5. 运营思维

做好运营也是打造个人品牌的一个关键点，可以帮助实现品牌价值的最大化。这需要一个整体的运营思维，按照流程策划和执行。

首先，需要描述自己的品牌故事，与消费者建立情感连接。好的创始人故事，会告诉别人你的产品、服务给他们的生活带来的积极影响和改变，在品牌与用户之间搭起桥梁。我特地邀请秋叶商学院的营销顾问凉粉老师写了一篇我的个人品牌故事《"80后"高管辞去帝都高薪回乡当"羊倌"，只为让你吃上这一口》，在我的微信公众号和全网发布，这让更多认识我，连接到我。

接着，需要通过事件，继续扩大影响范围。由于运营团队不断创作、发布视频号内容，一些社群开始邀请我分享个人创业故事。通过分享，我开始加入农业圈以外的各种社群，以"宁夏放羊哥"的标签逐渐"出圈"——让那些原本不了解我的圈子知道我，影响范围进一步拓展，从而连接到更多的终端客户。

6. 渠道思维

最初，我认为只要个人品牌有了一定的影响力，就会有流量产生，有了流量就不愁销售渠道了。但经过一段时间的内容输出，我虽然获得了一定的流量，但销售情况没有任何变化，反而有所下降。仔细分析之后，我发现这是因为引来的流量没有及时维护、转化，没有将其导向自己的流量池，很快白白流失。

这时就需要"流量池"思维——采取任何行动之前，首先做好导流设计，这样才能把外部流量导入自己的流量池。然后在流量池内与粉丝互动，以带来持续的产品销售。于是我做了如下改变：通过公众号、小程序商城把粉丝转化为终端客户，然后利用一些优惠活动，把客户引流到自己的私域流量池——企业微信群里。再在社群内通过各种福利活动,以口碑引流新的客户。

同时,也可以通过置换的方式,进入外部的流量池。我采用的方法是用人脉换、用福利换,把产品寄送给高质量微信群里的意见领袖们免费试吃,通过他们的口碑来为我的产品发声。

此外,还有一些线下的引流渠道,比如农贸批发市场、餐饮店等。很多省外的餐饮老板在网上看到宁夏放羊哥发布的视频内容,慕名而来,采购我们的产品。这时就需要在包装上做一些文章,设置一些引流入口,比如公众号二维码、商城小程序码等,吸引一部分终端客户进入我们的流量池。

微信视频号的尝试

2020年年初,微信视频号的开通给普通创业者提供了一个非常好的展示平台。在这个平台出现之前,我已经开始在网上通过检索学习如何做短视频。5月,我的视频号开通了,它已成为我自有品牌的主要传播平台。下面就以视频号为例,分享我如何运营个人品牌。

第一步,统一自己在各个平台上的网名。我把以前的微信名、视频号、公众号、小程序统一由"小吕"改成"宁夏放羊哥"。

第二步,用心制作第一段视频。着手准备自己第一段视频的时候,我发现网上点赞最多的一个话题是:你为什么要关注我。于是我不断去看相关主题点赞最多的视频,总结了它们的几个特点,并按照这几个特点设计出了我的第一段视频"你为什么要关注我"。脚本如下：

1. 简单、直白、准确地与目标人群建立强关系。

答：如果你在为吃不到健康、安全的羊肉苦恼，那么记得一定要关注我。

2. 简单、直白、准确地说出你能解决他们哪一个最大的"痛点"。

答：我将为您的家庭、您的客户提供最优质、最安全的冷鲜羊肉。

3. 简单、直白地说出你能解决这个"痛点"的理由。

答：我是宁夏放羊哥，从 2016 年开始，专注散养羊、散养羊的生态养殖。

于是，视频发布后 24 小时内，便带来了 400 多人的点赞和关注，1 万多次的观看。

第三步，持续产出，不断优化。为了接下来的每段视频创作，我每天拍一些日常生活和放羊的素材，剪辑后马上在视频号上发布，一对一地转发给我的客户，让视频尽可能多地传播。我发现，大家还是比较喜欢我们家乡那种原生态的环境，因为和大多数人的现实生活有距离，让人心生向往。

运营的过程中我发现相比短视频，时长在 3 分钟左右、含有干货的中视频更受欢迎，在微信流量池里转化率也比较高。未来我计划中视频与短视频相结合，尤其是要多制作一些关于羊肉的深度内容。但发布的视频一定要和个人定位相匹配，不掺入无关内容。

第四步，目前视频号鼓励创作者做直播，通过直播，关注者可以更直观地看到真实的人设，展现真实的生活场景，增加信任度。未来，我计划做一些简短的直播，增加与客户的互动。

回顾从开始创业到现在两年多的时间，我由2019年被动依赖平台，到2020年主动出击，开始形成自己的销售模式。整理数据可以看到，已经从2019年平台供货销售占比70%，转变为2020年个人品牌销售占比65%，实现模式反转，产品利润率也从15%提升到32%。

一年多打造个人品牌的学习实践，让我收获很多，也反思很多。总结起来，我们首先要在自己的领域里扎根学习，努力打造个人品牌。等成长起来之后，则要主动出圈，连接更多圈外资源，才能让个人品牌变现。

人物小传

吕立军，热爱运动的新农人，毕业于北京工业职业技术学院财经专业，宁夏觅赤生态农业科技有限公司负责人。

农业品牌构建的关键原则与思维

于建刚

 **蚕桑**

农业是中国文明之始。

当我在浙江的家中写这篇文章的时候,四周即是"桑基鱼塘"。2018年,联合国粮农组织向"浙江湖州桑基鱼塘系统"颁发"全球重要农业文化遗产(GIAHS)"奖牌,以示对这一具有2500多年历史积淀的传统的珍视。除此之外,整个"中国蚕桑丝织技艺"早在2009年也已入选联合国教科文组织的《人类非物质文化遗产代表作名录》。

除了浙江湖州桑基鱼塘系统,截至2018年,我国还有云南红河哈尼稻作梯田系统、内蒙古敖汉旱作农业系统等共15个项目列入全球重要农业文化遗产保护名录,数量位居各国首位。

品牌不止于产品,更关乎文化。在创建中国的农业品牌经济时,有一份沉甸甸的家当等着我们去挖掘。

猕猴桃

然而,现实是什么?典型如猕猴桃,我国的陕西、四川、贵州三省,任一省的种植面积和产量都高过新西兰一国,而三省加起来的总产值却远远不如佳沛一个品牌。佳沛黄金猕猴桃在超市里卖十几元一个,而我们的普通猕猴桃,十几元能买上几斤。

越来越多的人在谈论品牌。前段时间,一家杭州的农业服务机构向我介绍说自己已创建"上百个地方农业区域公用品牌",但是我却从没在超市里见过其中任何一个。"品牌"如果没有和人们的日常生活发生关联,就仅仅只是一个商标。找广告公司设计一套VI(Visual Identity,视觉识别系统),开一场新闻发布会,再花钱砸一轮广告,这就是农业区域公用品牌的经典"三板斧"。

此前,在浙江工商大学的农业经理人培训中,有位供销社系统的经理向我诉苦,说农业的利润很低,没

蚕吃桑叶

有多少钱可以用来打广告，做品牌。在品牌的创建中，最常见的认知误区，就是将其等同于视觉设计、广告或者传播。

苹果

品牌是对消费者许下的一种承诺。广告则是一种规模化工具，将该承诺广而告之。在尚未明确某种承诺之前，去投入规模化，除了带来短期的流量和销售，没有实质上的品牌资产沉淀。为什么明确承诺如此之难？

比如，你跟消费者承诺"我的苹果甜过初恋"，第一个确实甜，第二个一般甜，第三个简直寡淡。除非你有一套方法，来确保每个苹果都能达到一定甜度，否则这一承诺无法兑现，也就形成不了品牌资产。

有机农业发展近十年，举步维艰，很重要的原因是什么？你跟消费者承诺"我的苹果不用农药化肥"，如果你去市场转一转，会发现十个果农有九个都说自己不用农药化肥，还有一个说是野生的。这一承诺的问题在哪里？在于消费者无法直接感知你的承诺是否可靠。

再比如，你跟消费者承诺"我的苹果是正宗的烟台红富士"，基本上也不会卖得很好，因为烟台到处都是红富士，你的产品没有差异性。

我们总结一下品牌定位（"许下承诺"）的三个关键原则：一是"稳定交付"，二是"直接感知"，三是"人无我有"。在一个具备优势的品牌定位中，这三个关键原则相互交织、缺一不可。

橙子

我们还有一个基本的观点：品牌就是你做的事情本身，而不是外在的修饰物。

"人生总有起落，精神终可传承"，褚时健的故事固然动人，可是褚橙品牌的承诺还是在于"用现代管理方式稳定交付有一定量的好吃的橙子"。

故事、包装、橙子，都已经是结果，是品牌在水面之上的展现。功夫在诗外，功夫在水面之下。真正想要打造品牌的人，应当去云南的产地，看看褚橙是如何管理，如何种植，如何改良土壤；在销售端，观察褚橙如何处理与不同渠道的关系，如何看待社区团购的兴起与水果档口的衰落，等等。

同样的，如果褚橙的后人不再去做品牌过程的管理与创新，只耽溺于故事本身，结果只会是褚橙品牌资产的逐渐稀释。

素纱禅衣

如果"品牌就是你做的事情本身"，那是不是只做事就好了，不需要考虑品牌这么高深莫测的存在？一般的做事和打造品牌之间根本的不同在于，品牌的做事，是具备消费者视角的做事，是以终为始的做事，我们称之为"设计思维"。

仍以我自己较熟悉的蚕丝举例。1972年，马王堆汉墓出土了著名的

"素纱禅衣"。这件真丝衣服仅重 48 克。后来,人们用了 13 年时间才成功复制出了同样一件衣服,这是为什么?

真丝衣服的生产是一个漫长的过程,历经种植业、养殖业、工业、服务业等全部三大产业。首先要植桑,好的桑苗需要品种嫁接;等桑叶长好了,才能养蚕;从蚕种到茧子,需要近一个半月的时间,而且家蚕对环境极为敏感;蚕茧采收后,去丝厂缫丝;再运到绸厂织布。拿到布了,才能开始做衣服。

即便过程漫长,也不需要 13 年之久。问题出在蚕种。素纱禅衣的蚕丝纤度只有 10.2 至 11.3 旦,而现在生产的高级丝织物有 14 旦。现在的蚕种都是五龄蚕,就是需要蜕四次皮,然后吐丝作茧。而制作素纱禅衣的蚕丝来自四龄蚕,只需蜕三次皮就能吐丝作茧,少吃了一龄的桑叶,蚕丝肯定就更细更轻了。

分析出素纱禅衣的纤维结构之后,人们却傻眼了,不是绸厂织不出面料,也不是蚕农养不出蚕茧,而是根本没有这样的商品化蚕种——如果要复制素纱禅衣,需要倒回到蚕种站,从育种开始!

也许,这个例子过于极致,但道理是一样的。作为市场主体,生产者参与社会分工,不是为了生产而生产,而是为了市场和消费者的需求而生产。

与工业品相比,农业的周期较长,多半是"再吃等明年"。因此,我们务必依照设计思维做事,不断研究市场与趋势,做出能与消费者需求匹配的产品,乃至引领消费。

农业品牌构建的关键原则与思维

蚕在方格蔟里做茧

传统的清水丝绵工艺

我将农业品牌构建的关键原则与思维小结如下：一、品牌就是你做的事情本身，而不是外在的修饰物；二、做事与做品牌的不同在于，品牌的做事，是按照设计思维，以终为始；三、品牌定位的三原则："稳定交付""直接感知"与"人无我有"，三者相互交织、缺一不可。

人物小传

于建刚，资深品牌策略顾问、返乡青年。在全球著名品牌咨询与管理集团 WPP 工作多年，有丰富的品牌调研、策略与创意、经验与技能。2011 年开始深度参与乡村建设的实践与探索，最终返乡与妻子梅玉惠建立"梅和鱼"，专注手工蚕丝被的制作和蚕丝"非遗"的保护与创新。

对返乡青年从事生态农业的思考

郝冠辉

大兴安岭见闻

最近去了一趟大兴安岭林区看望返乡青年金鹏。那里虽然不是原始森林,但是地广人稀,生态环境很好。金鹏所在的地方叫古源,原先是一个镇,鼎盛的时期大概有5000人,但现在整个镇只有200人。

金鹏说2019年他获得了镇上颁发的"优秀青年"奖杯,但他觉得自己不够优秀,镇长说:"你就别推辞了,你是唯一的青年。"

我们去那儿待了几天,镇上有个广场,原先是专门跳广场舞的,每到晚上六点钟准时放音乐,现在却只有音乐,没有人跳舞。镇上不仅没有中老年人,也没有小孩。金鹏说夏天人还算比较多,到了冬天,你在大街上站一天,可能一个人都见不到。冬天人们都跑到城里去了,因为这个地方冬天特别冷。

金鹏在当地采集野生山货到北京有机农夫市集去卖。就这样,他们以每年一百多万的销售额,成了这个镇上最大的社会企业。

而我们沃土工坊的平台已经做到了每年一千多万的销售额,但在我们那个村连百强企业都算不上。因为我们的所在地是广东的一个淘宝村,村里其他的网店原先每天的快递都是用面包车一车一车往外拉。我们的货是一车一车拉,人家的快递单是一车一车拉,所以我们现在连这个村的百强企业都排不上。

我们在金鹏所在的镇上住,觉得那地方好,空气好,生态环境也好,有很多的资源,可惜就是没有人。

地铁里的思考

从北京来永济的路上,我感受特别深,因为到了上班高峰时间,坐地铁从 13 号线到西直门换 2 号线的时候,车门打开,我本来想走上去,结果是被后面的人直接推上车的,脚都没有离地。

当时就觉得在城市这种拥挤的环境里面生活真是没有尊严。其实这也是一个事实,大家都往城里面跑,即便人口趋于饱和,大家每天还要忍受痛苦,挤这么长时间的地铁上下班。

北京很多人已经住到六环外了,六环内的房价也已经飙升到一平方米五万元以上,每天上班要坐两三个小时的地铁,真的很挤。我早已经不愿意这么干了，但还有这么多人愿意如此生活，为什么？因为城市生存空间大，虽然痛苦，可还能在城市里生存下来，所以这些人做的还是正常的选择。

与农业结缘

到大兴安岭生活的几天，引起了我的很多回忆。那边靠近俄罗斯，让我记起自己最初是怎么想到要从事农业的。我高中在市里读书，因为是农村出身，所以不太喜欢城市。那时候就觉得城市没啥好的，空气也不好，也看不出城里人每天上下班有多大意义，于是开始看书，思考生命的意义。

那时候我就想，自己将来还是要回农村，在农村可以做一番事业，过安居乐业的生活。农村生态环境这么好，一定大有可为。所以我后来读了中国唯一一所位于农村的大学——西北农林科技大学。

然而，大学毕业的时候，我发现自己不太可能马上回农村，因为那时候真的看不到在农村有什么样的空间可以让年轻人成长。

后来我去晏阳初乡村建设学院做生态农业技术的推广和培训工作。当时我们的学习、研究和培训几乎同时进行，因为这个领域还有太多空白需要填补。记得刚进机构半年，我们就开始筹划农民的生态农业交流会，我还编了一本教材，叫《有机耕作技术与实践》。

为什么要编教材？因为那时技术特别稀缺，又极为重要：当我们返乡从事生态农业的时候，面临的第一个难题就是，生态农业关乎整个体系的改变，这是一项巨大的挑战，需要系统的理论与实践指导。

我们需要做的不是一件简单的事,我们要重构一整套可持续食物体系,要挑战整个工业化食物体系,但后者已经趋于固化,无论是在观念上,还是在整个食物生产与消费系统中。在资本的推动下,它已经是非常成熟稳定的一套体系了。那时候涉足食物行业,就不得不做重构的工作。

生产体系重构

最初,我们的重构是在技术方面,也就是对生产体系做重构,做的工作就是推动生产技术。由此发现,技术体系里面包含很多很多的细节。

其次是重构有机、生态的生产资材,资材里又包含种子、合格的有机肥、生物农药、自制的病虫害防治用品等。

接着是重构机械体系,因为现代机械化农业生产体系也是为化学农业服务的,当我们从事保护性耕作时,需要的机器和化学农业的机器不同,那些机器会破坏土壤。陕西绿我农场的大黑老师在从事生物动力农业的时候,不得不重新设计一套深松机,重做全套机器,这真的是非常大的挑战。

当我们开始做重构的时候,整个生态农业体系根本不完善。可能老一辈的乡建人都有一个印象,就是在乡建史上一起很有名的事件,叫"教授卖大米"。当时,河南南马庄的村民跟我们学完有机农业课程以后,回去种生态水稻,他们认为好东西种出来一定有人买,想按常规方式销售,但结果无人问津,最后不得不将大米拉到北京,找温铁军教授他们帮着吆喝,于是就有了"教授卖大米"事件。尽管如此,大米仍然不好卖,为什

人烟稀少的大兴安岭古源

农夫大黑自己研发的深松犁

么呢？因为虽然是生态种植，但农民用的还是杂交种子，也就是说，没有重构生产资材，所以产品的味道并不好，人们吃不出这种有机大米和常规大米的区别。

举这个例子也是为了告诉大家，在刚开始的起步阶段，有机农业的方方面面都是非常不完善的。不过到了现在，该领域的生产技术经过十多年的推动，总算稍微完善一点了。社区伙伴也一直在推动此事，后来我们自己也成立沃土可持续农业发展中心等机构，总之，情况似乎稍微好了一点。

目前，国内出现了各种流派的有机农业技术培训，包括生物动力农业、朴门农业培训、自然农法培训等。但我至今也不认为它已经完善，当人们进入这个领域，仍然会面临这样那样的问题，只不过大家现在获取有价值信息的途径多了，容易得到支持了，但我觉得这还远远不够。

不够在哪里呢？十几年前，我们就学习泰国的一个案例——"KKF"。但我觉得那是一个挺极端的案例，他们把生态水稻的产量做到了比常规水稻的产量更高，成本更低。因为他们花了十几年时间，带着十几位技术人员，重构了一套技术体系，其中包含水稻的育种、病虫害的田间管理、肥料等，把这一套体系给到农户。泰国的这个案例给农户的是一套完善的支持，而在国内，我们至今还没能做到这么完善的支持。如果有这套支持，大家做起来才会比较容易。

> KKF（米之神中心）是泰国一个推广可持续农业理论及实践的非政府组织，将成功案例推介给农民朋友及感兴趣的人士。

🚜 主流的变化

我在地铁上刚好和一位前同事同行,这位前同事任职于优农道——百果园投资的一个平台,同样从事有机农业技术体系相关的工作。他们请了日本专家,基于改良型的有机肥、氨基酸的氮肥,加上补充的矿物质肥料做了一套土地改良体系。百果园做这些事的目的并不是进行有机生产,而是想通过这些技术改善水果品质。

这也让我看到了某种趋势:主流农业企业原先基本不做相关业务,但是时代在变化,主流农业已经开始涉足有机技术体系的开发。百果园投入几千万,直接和大的有机肥厂合作,从事改良型堆肥的制作、生产,目前还在尝试阶段,但看到这样的趋势,还是蛮值得高兴的。我们的目标也是想让主流的生产方式转向保护性耕作、改善土壤。

🚜 创办"沃土"

我在晏阳初乡村建设学院工作了两年多。2008年,我在广州创办了现在的沃土工坊。沃土工坊是个销售平台,之所以发起这个平台,是因为相关的有机农业技术体系已经相对完善。

2005年到2008年,多数从事乡村发展的NGO(非政府组织)都在推动他们的项目点转型做生态农业,也请了很多的专家做技术培训。2008年以后,越来越多的农户(特别是NGO支持的农户)发现,生态农产品没有合适的销售渠道。

以南马庄为例,当时他们以为农产品种出来就有人买,但其实不是,市场往往是盲目的,消费者从哪里能够获得"你的产品是安全食品"的信息?农户没有知名度,消费者也无从辨识产品好坏,双方的信息不对称,就很难形成销售。

那时候,消费者也处于觉醒的萌芽期,开始寻找安全的食品。我们看到了这个机遇,所以 2008 年我跑到广州做了"沃土"平台。但沃土工坊最开始不是我创办的,它的创始人是朱明,这位先生现在还在云南隐居呢。

我们最先做的是流通体系的重构,后来又开拓了销售领域。当时需要面对的是整个有机农业体系的问题。我们已知的物流体系、加工体系都在支持主流的化学农业,而"沃土"做的这套体系在当时并没有根基。

我当时想帮陈塘村卖米,发现他们找不到合适的工厂来加工生态水稻。大的工厂不接,因为只有几百斤米,数量太少。所以只能找小工厂,但加工出来的米很碎,还有很多石子。

当时的实习生华明为卖米写了一篇文案,标题是"即便你吃到有沙子的米,你也应该感到幸福"。恐怕也只有那时候能写这样的文案,今天这个时代如果有人这样写,估计会被打。今天,谁卖的米里敢有沙子?毕竟,现在有机米市场已经饱和。

那时候有机米非常稀缺,所以含有沙子的米我们也敢卖。当然,过程中我们做了很多工作。比如有用户来买我们的米,我们就说不能卖给你,我们的米质量太差了——米很碎,里面还有石子,可是对方会说:"不行,不行，我真的要吃。"这叫欲擒故纵，先考验对方是不是纯粹真想吃这种米。

当时的农产品加工和流通都不是为有机农业服务的，前期有机农户的许多工作都是挑米、挑豆子，因为有机种植的豆子会生虫，主流市场的豆子它经过辐照，不会生虫。最后不得不抽真空保存，因为抽真空是在不用做辐照和添加的前提下应对长虫的唯一方法。

市场重构

我们发现自己需要面对的是包括物流供应链体系、销售体系在内的整个有机农业体系的重构。小农的产品进入不了主流渠道，所以需要重构一个非主流的渠道。

市场同样需要重构，消费者原先接受的是主流的生产和消费理念，而"沃土"能够生存是因为我悲观地认为消费者不能被教育。我们在消费者教育上的投入并不多，相反，有生态意识的消费者往往能主动找到我们，这才让"沃土"走到今天。

当时的生态小农圈子其实是很小的。现在生态农产品的市场容量在慢慢走向某种程度的饱和，我们也面对越来越大的挑战。我后来离开了"沃土"，因为觉得自己无法再带着这个平台继续成长了。碰到个人能力的天花板，需要重新思考自己的未来。

最近几年，有机销售平台进入洗牌和萎缩阶段，本来能帮助小农卖农产品，还能生存下来的平台就不多，每个地区也就只有屈指可数的几个。最近几年，这些平台的生存状况也都不是很好。我们从最初每年翻一番的增长，到七年前成长率变成了约80%，再到60%，后来变成30%，现在的增长率是在20%左右。

销售额增长率一直下滑有很多方面的原因。一方面，很多大资本也开始布局有机农业，主流渠道也在瓜分这部分市场份额；另一方面，目前的食品安全问题已经没有那么突出，普通农产品的品质在提升，消费者的危机感不再强烈，所以有机农业的增长也在放缓。

不管是北京有机农夫市集还是"沃土"，都处在转型期，未来还有艰难的路要走。

有机与常规之间的边界逐渐被打破

这个时代还有一种趋势，就是生态农产品或有机农产品和常规农产品之间的边界被慢慢打破。有机农业圈子的康奇和柏川在内蒙古种南瓜，第一年种了300亩南瓜，每年的产量有60万斤。目前国内所有小的有机销售平台全部加起来，都撑不起这么庞大的数量，卖不完，只能走常规渠道。

他们把南瓜拉到北京新发地批发市场去卖，我问他卖得怎么样，他说不太行。他们卖的是有机贝贝南瓜，批发价在十块钱一斤，普通贝贝南瓜常规的市场价在两块到三块一斤。有机农户拼的是生态种植的口感和味道，尤其是口感，因为对常规消费来说，只能凭口感判断出生态种植的农

对返乡青年从事生态农业的思考

▲ 旗溪生活农场

◀ 沃土农耕学校的学员在上课

产品比常规种植的要好，毕竟普通人没有办法对安全性做评测。

后来康奇他们把南瓜价格降到七块钱一斤，主流市场才渐渐接受了这款产品，但七块钱已经是他们的底线。就这样，有机贝贝南瓜能在市场上卖掉了，看来，生态农产品走向主流市场是大势所趋。

我和大黑老师交流的时候，也看到了这种趋势。他的饼干其实也在走常规的销售渠道，在普通超市也能卖得挺好，看来大众对有机农产品的认知度也在提升。

> 大黑老师是绿我农场创办人，澳洲活力农耕（BD）的先行者。绿我农场是集种植、加工、销售、研发农机械等于一体的综合性有机农场。

上文讲到，像百果园那样的主流农业企业的流通体系也会朝着生态方向靠拢，二者之间的边界会逐渐被打破，这一趋势对我们的启发就是不能停留在小圈子里，要想办法去主动打破自己的界限，这就是流通体系的重构。

加工体系重构

我们刚开始做销售的时候，销售品类基本上是以初级农产品为主，现在消费量比较大的则是加工的农产品。我们最初学习的就是台湾的里仁，里仁的成功之处在于开发了几百种非常好的加工农产品，可见加工是个很好的方向，也一直是我们要学习和突破的地方。

当时我们探索这个领域也非常难，因为主流厂子都没有加工无添加产品的经验,我们的产品量又很小,没有厂家愿意合作。所以目前大多数小农的生态农产品都处于一种"黑作坊""三无"产品状态,这很危险。

现在的质检对产品方面的把关越来越严,平台越大,被投诉的风险越高。不少平台也被职业打假人投诉过,这种情况一投诉就会被罚款。

看来有机食品加工是富于挑战性和危险性的事,不容易做。找代加工厂又很难,所以大黑老师干脆自建加工厂,也是"磨掉几层皮"才走了这一步。

产品设计、品牌设计也都是很大的挑战。"沃土"创办初期,都是我们下乡帮助返乡青年梳理这方面的工作。直到现在,我都不认为这是我们的强项,我们自己也有需要突破的地方,毕竟初级农产品市场基本饱和,我们的优势并不突出。

现在如果还有年轻人想返乡从事农业,依然面临重重困难。我们每年都会拒绝非常多卖大米的农户,因为大米是初级农产品,也比较容易生产,所以很多人返乡后,在水稻多的地方都种大米,但是它的市场容量非常有限,市场很快就会饱和。过去几年,大米已经太多了。

加工品的开发是未来的一个方向,但门槛比较高。我最近也想重构一个品牌,让它成为独立于"沃土"之外的一个平台,用品牌运作的方式来运营它。首先需要解决我们自己农场的问题,把农场的产品正规化、品牌化,推向更大的市场。如果这个平台能成功,就可以帮助更多小农场解决他们的问题。

是什么在推动我不断向前?是因为"沃土"已经支撑不了返乡青年的需求了,我们能够帮助到的人数有限,仅能解决一个人、一款产品的销售，总是无法满足更多人的需求，需要主动想办法应对这样的挑战。

信用体系

做农业，还有一项更大的挑战在于信用体系需要重构。我一直希望中国的有机认证能完善一些，这能在很大程度上降低有机食品生产的成本。被迫"曲线救国"，用其他方式解决信任问题，会让农民付出巨大代价。我不认为CSA（社区支持农业）和PGS（参与式保障体系）会比主流认证成本低，但我们的主流认证也常常遇到厂家造假的情况，也很难取得大众的信任。

目前来讲，重构信任体系成本会非常高，但也是不得不做的事。对于体系搭建，我们做了一些探索，最初尝试的是CSA，过去几年又在探索PGS。沃土可持续农业发展中心的一些工作，包括田间学校、农耕学校、可持续农业杂志、返乡青年交流会、生态农业工作坊等，也都是相关探索的一部分。

年轻人面临的挑战

2018年，我们创办沃土农耕学校，第一年招了十七个年轻人，这十七人中后来留在农耕学校继续参与平台工作的大概也有七八位之多。我也会帮年轻人梳理目前他们正在面对的挑战。

对返乡青年从事生态农业的思考

梳理这些挑战的时候，我们列了一些问题：你喜欢做什么？你擅长做什么？你的价值在哪里？换句话说，你做什么才能产生价值，这里的"价值"可能包括商业价值。

大部分人表示自己喜欢种地，但种地只能作为生活价值，因为一个人只能种一分地或者半亩地，再多就种不动了。产品开发是第二产业，这方面多数人还比较擅长，也仅限于把产品做出来，大部分人不能做到产品的量产，或者说每天量产，会觉得有压力，最终上不了规模。于是，第一产业，大家可能不擅长，但是喜欢；第二产业，大家是擅长，但不喜欢把它量产；到了第三产业这方面，大部分人可能都会踟蹰不前，因为它要求人们懂得做活动，门槛更高。

有一个朋友开发了一款很好的产品，就是李子果丹皮，纯天然无添加，口感非常好。我跟他说，你要么去找到代工厂把它量产化，要么就把它转化成一个教育项目。果丹皮这种零食，很受妈妈们的欢迎。我们举办过食育活动，教妈妈们在家做健康零食，这类活动很有吸引力。但当我问朋友，他要朝哪个方向走时，他就很纠结。

事实上，做三产难度非常大，对于设施、场地、位置等要求都比较高。后来我就总结，年轻人如果返乡真正从事农业的话，可能大部分人能够从事的是"半农半X农业"，这个说法来自一本

> 所谓"半农半X"，就是一方面亲手栽种稻米、蔬菜等农作物，以获取安全的粮食（农产品）；另一方面从事能够发挥天赋特长的工作，换得固定的收入，并且建立个人和社会的联结（X）。

书,书名就叫《半农半 X 的生活》。

但是经过几年的实践,我发现有个问题:年轻人的"X"不好找,因为能够过上半农半 X 生活的人,很多都是艺术家,或者做设计工作的。创作原本就不受时空限制,在大自然中更有利于创作,这些人可以从创作中取得一部分的收入,农业则是满足自己生活和生命需求的那部分,但是多数年轻人找不到"X",所以就很尴尬。

在中山的旗溪生活农场,有个小伙伴跟我说他自己"每天做生产,种地,种着种着就没有激情了,为什么我不能种一点菜自己吃就好了",我说:"可以呀,要不你给我钱,这样的话,你从农场租地、租房子,你交钱给我,在这儿生活就行。至于你的钱从哪来,那就需要从你的'X'上想办法。"他觉得不行,我还是得给他开工资。

目前,多数年轻人希望以农业身份回到土地上时,会面临种种挑战。有些人觉得土地上的工作太沉重了,"能不能轻一点?"但我认为,年轻人都是图轻松才跑去城市的,守护土地本身就是沉重的事。

我还看到一些更严重的危机:目前,有机农场也好,返乡青年也好,真正从事农业劳动的是这些人的父辈,我们的农场也是如此。十几个年轻人当中,真正在土地上参与生产管理的就只有一个。能把土地工作承担起来的年轻人很少。

有人问我:看到这样的现象,你觉得自己做的事情还有价值吗?我说,"要解决这个问题,我得从自己身上找突破口,先让农场运营上轨道,鼓励年轻人来这儿做一点自己的探索,我们得有耐心,不能给他们压力,让他们从自己天赋和爱好出发,看能不能慢慢找到一点愿意在土地上做的事情",这可能是一个出路。

生态系统搭建

这么多年来,我一直面对的问题就是,进到这个行业才发现这里是一片荒漠,我们需要努力搭建一个生态系统。最初做"沃土",我的基本愿景就是让返乡的人能有一个销售通路,能够得到支持,让返乡变得容易一点。后来我做技术平台,也还是延续这个思路,做农耕学校也是在用这个思路,希望返乡的年轻人不仅看到农业的生产价值,也能看到它的生活价值和生命价值。

最初,我可能对年轻人期待太多了,希望他们成为生态系统的搭建者,后来发现还不能抱太高的期望。目前,生态系统的搭建者还是我们这些返乡中年,所以我这次找的是返乡青年里面的大黑老师。

大黑老师是1973年生人,但他回去之后能把一套技术落地,甚至开发机械。当基础农产品销售出现问题时,他能建起一座加工厂,去开拓主流销售渠道。自己的生态系统搭建起来以后,未来他也能够支持更多农场,以后返乡也会变得容易一些。所以,我会比较期待能够有更多一起搭建生态系统的人。当然,还是那句话,对年轻人来讲,要求不能太高。

有小伙伴说想找一批年轻人做创业平台,我的经验是千万不能去做创业平台,你先创业成功,才能成为一个平台,让其他年轻人到你这里有所作为。

2012年，我参加了当年的CSA大会，当时国际CSA联盟主席伊丽莎白说："一个优秀的CSA体系可以让平凡的人也能在其中生存下来。"我也一直用这句话鞭策自己。我想创造一个CSA体系,虽然我一直觉得自己做得还不够好。

人物小传

郝冠辉，2006年毕业于西北农林科技大学，毕业后在晏阳初乡村建设学院从事生态农业推广工作，2008年到广州，创办帮助小农销售生态农产品的社会企业沃土工坊，2014年创办沃土可持续农业发展中心，2018年创办沃土农耕学校、旗溪生活农场以及舒米学苑，现居中山旗溪村，主要打理旗溪生活农场。

本文根据郝冠辉于2019年9月6日在"当代青年积极参与乡村振兴研讨会暨青年返乡交流会"上分享的内容整理而成，张海东编辑整理，演讲者本人修订。

变革中的泰北克伦族精神

伍 娇

农岛（Nongtao）坐落于泰国最高峰"因他暖山（Inthanon）"所在的群峰之中，是一个有着160户人家的克伦族村庄。2019年10月，我因为行动源的"中国—东南亚可持续生活青年计划"来到这里，和返乡青年桂（P'Kwiv，P在这里指哥哥或姐姐，泰语中对年长同辈的尊称）一家一起生活，探索和学习原住民社区的生态智慧与可持续的生活方式。

> 行动源"中国—东南亚可持续生活青年计划"，以推动青年参与生态农业和可持续生活为主要内容，特别关注传统智慧和文化传承、生态农业发展与绿色可持续社区建设的经验交流，积累青年参与社会发展的有效经验，拓展各国青年的国际视野和实践能力。

稻田的传统

我第一次参与村里的社交活动,是在桂的表妹家里举行的一次十几人的"微型聚会"上。克伦族是泰国人口最多的山地民族,他们非常重视家族关系,据桂的表弟介绍,农岛主要聚居着三个古老的大家族,距今有七百多年的历史。当天到来的都是乔瓦鲁(Jowalu)家族的成员,兄弟姐妹们喜欢聚在一起吃饭,这样的聚会随时可能发生。

桂热爱烹饪,每逢这样的聚会他都乐意掌勺。当天这顿饭的"主角"是鳝鱼,只见他用一柄长刀去掉鱼的头部后,并不抠除内脏,而是直接切成小段放入滚水中,接着倒入舂碎的香茅、姜黄和一些我从未见过的新鲜香料一起熬煮,尝起来风味浓郁。

"Na。"桂的父亲指向远处告诉我。他比划了半天,我才明白"Na"是"稻田"的意思。鳝鱼是稻田放水时捉来的,一同收获的还有其他小鱼和螃蟹。"Tamaqiai",叔叔强调,这个词的意思是"自然"——没有农药化肥污染的意思。村里的人家大多都会喂养牲畜,如本地的黑猪,还有水牛、黄牛等,它们的粪便加上稻秆充分发酵后,就是天然的有机肥料。因而稻田里不仅能长出健康的稻谷,整个水生系统也丰富多样,常常伴随有鱼虾、野菜等意外之喜。这是"稻米人的幸福",叔叔笑称。

此时正值农岛的收割季,村里每个人的生活都围绕着水稻而展开。和许多地区接天连地、一望无际的景象不同,这里的稻田是零碎的,散落在广袤的山林之间,遍布于村庄四周。近一点的,步行一两分钟就能到;偏远的，开摩托车或皮卡也要半小时。

稻田通常建在起伏和缓的山谷和低洼地区，而山脊和山顶处是郁郁葱葱的森林，有的稻田就在森林的环绕之中，细雨浓雾间恍若仙境。这和我在中国西南侗族地区见过的农地景观颇为相似。侗族谚语里说："无山就无树，无树就无水，无水不成田，无田不养人。"克伦族也深谙这个道理。高山稻田的水源来自森林，森林就如一座座水塔，涵蓄水分，生发出无数条涓涓细流，浸润着周围的低地。这里的森林覆盖较之侗族地区更为茂密。

相对于我国不足 1.5 亩的人均耕地面积，泰北山区地广人稀，人均土地面积广大。以农岛为例，村庄有 8000 莱的土地，其中有 1500 莱为农耕地，还有 4000 多莱林地，计算下来，光是耕地平均每家就有 9.4 莱（即 22.5 亩）。桂家更是村里的大地主，有三个农场，共计 12 莱（即 28.8 亩）耕地。然

> 泰国普遍使用的面积单位。
> 1 莱 =1600 平方米。
> ——编者注

而在水稻的整个收割过程中，人们并不使用机械，依然保持着传统的人力协作，每家每户相互支持，轮流帮助，我对此感到疑惑，并把这种疑惑告诉了他们。

"我们可以互相帮助，每天在稻田里见面、聊天、帮助彼此，这对克伦人来说比什么都珍贵。"村民们如是回答。机器需要花钱购买，村民之间的互相帮助是不计报酬的，这是千百年来延续的传统，有一定年纪的人都视之为理所当然，并不愿意改变。稻谷是克伦族的传统作物，对他们而言，稻田不仅是维持生存的根基，也是大家互帮互助、维系情感的重要纽

带,而且是他们灵性信仰的一部分。

劳动时,我在田间发现一些竹制的祭祀器具,并参与了两场收割前的仪式。克伦族相信万物有灵,水稻种植中的每一个关键节点,都有与之相应的仪式。村民们通过仪式,与自然的神灵和恶灵沟通,请求保佑,感恩保佑,或者为不敬的行为忏悔。其中最重要的是谷之神。这位掌管稻谷的神明在克伦人代代相传的口头故事中是一位女性,人们称之为"稻米母亲","母亲"意味着"赐予与养育生命",其中蕴含的敬爱不言自明。这些仪式在田间和田边的凉棚里举行,人们跪地祈求,一场接着一场,周而复始,提醒所有人在生产的每一步都要心怀敬畏。

村里70多岁的长老乔尼(Jorni)叔叔告诉我,克伦族认为人身上有37个灵魂:5个在身上,分别在头和四肢,其余32个则分散在自然界,或是某一只飞鸟,或是某一棵大树,或是某一条河流……多么惊人的智慧!人与自然本是一体,魂灵相连,呼吸与共。居住在山林里,克伦人一生都在维系自身与自然的关系中度过,经历大大小小的仪式,几乎事事都要与自然之灵沟通。有意思的是,这种信仰体系映射在他们的日常生活中,就成了外族人口中的"Lazy(懒惰)",因为他们并不像周围其他山地民族那样热衷于挣钱,准确地说,是用自然资源换取金钱。

"是的,我们民族的哲学就是懒人哲学(Lazy Philosophy)",克伦族最好的歌手,同时也在大学教"社区发展"的教授齐·苏威占(Chi Suwichan)这样描述"懒人哲学":"因为我们想使森林可以持续,想使自然资源可以持续,以召唤和等待我们的灵魂回归。"

变革中的泰北克伦族精神

和克伦族人一起在稻田干活

听克伦族长老讲传统故事

"我们喝水,所以照顾水源。我们耕作,所以照料大地。"(We drink water, take care of water. We use soil, take care of earth.)

克伦族古老的谚语如此朴素又深刻。然而,人与自然的关系并非一成不变。

🚜 种植体系的变化

我很快适应了农岛的生活,每家每户都有宽阔的庭院,在大片的草地上可以随意奔跑,传统的斜顶大屋住起来透气通亮,十分舒适。山里的世界没有外界想象的贫困,光是我们居住的木屋四周,就被各种可以食用的植物环绕。抬头有高大的椰子、香蕉、酸角和牛油果,底下生长着青梅、木瓜、柠檬、火龙果、咖啡树等,佛手瓜攀上了柿树,树荫下隐约可见生姜、芋头和许多本地物种。它们浑然一体,共生共荣。

每次煮汤时,桂的母亲往院子里转上一圈,出来就是满手香料;屋檐下总是悬挂着长串的香蕉,想吃时随手掰下,剩余的还可以晒成香蕉干;百香果不用上树去摘,光是地上自然掉落的就捡不完,可以做各种甜品和饮料;之前存的椰子粉,混合糯米就是美味的竹筒饭;厨房里还有大罐大罐的青梅酒……我想象不出比这更优美富足的景象,大自然已然为我们准备好了一切。

这种利用多种植物不同生长空间和习性进行混合种植的方式,是朴门永续农法(Permaculture)中非常经典的"食物森林",不需要怎么打理,一旦理解自然的语言并与之配合，食物森林就会逐年茂盛，形成交错复杂的生态网络，产出自然也愈加丰盛。但如此蔚然旺盛的食物森林我还是第一次见，显然已经过漫长的年月。当我向桂确认他是否参加过朴门培训时，他一脸困惑地表示从未听说。

"我们本来就有立体种植的传统。"他说，"如果你和老人聊起，他们会告诉你在这个系统里有七个层级。"克伦族曾是游耕游猎民族，千百年间一直生活在森林之中，四处迁徙，刀耕火种，直到近代因为生产力水平的提升和一些政策原因才逐渐定居下来，形成固定的村落。族人们尤其是老人，依然能感受到人与森林紧密依存的关系，对祖先世代从森林里学到的智慧也未曾忘记。"可如果你问年轻一代，"桂继续说道，"我们会告诉你现在有十个农耕/森林的层级（10 levels of agriculture or forest）。"这十个层级分别是：

1. 土豆、姜等地下植物

2. 草莓等匍匐植物

3. 生菜、辣椒、茄子等叶菜茄果类

4. 咖啡、柠檬等灌木类

5. 李子、柿子、青梅、龙眼、香蕉等

6. 牛油果、罗望子等

7. 菠萝蜜、榴莲、山竹果等

8. 椰子、槟榔树、竹子等

9. 爬藤类

10. 菩提树、松树等最高的树

为什么新老两代村民认知的层级有变化？我愕然地发现这背后是克伦族现代种植结构的变化，像是生菜、草莓、柿子、百香果、牛油果等，都不是本地物种，难怪我每次见到它们，眼熟的同时，也有一丝怪异之感。所有改变的中心是1969年由泰国上一任国王拉玛九世发起的"皇家计划（Royal Project）"。这是世界上第一个罂粟替代种植项目，旨在鼓励克伦、赫蒙、傈僳等泰北的山地民族停止罂粟种植，改种其他经济作物，以改善生计并复育上游森林。

一开始，没人知道在山上能种什么。不同于清迈市区四季如春夏，北部山区海拔在1000米以上，冬季非常寒冷，并不是典型的热带气候。通过研究实验后，人们才大量引入梨、桃、李、柿子等温带果树，还有冬季蔬菜、红芸豆、草莓、阿拉比卡咖啡、切花和观赏植物等。它们很受消费者欢迎，为山民们带来新的经济收入，但同时也将山民带入全国乃至全球市场经济的漩涡之中。

新兴的作物不再生长在传统的土壤里，而是完全依赖于现代的科学技术与生产逻辑，不再需要村庄集体协作，也不需要向神明祈祷和感谢。原本克伦族绝大部分庄稼是旱谷，在山坡上刀耕火种，不需要化肥，一块区域焚烧耕作一年后，会抛荒休耕七年以积蓄地力。虽然这些仪式也延续到现在的水田稻种中，但那些曾经种植旱稻的山谷都覆盖上了大规模单一化、化学药品泛滥、全年无休的现代农业。土地得不到休息，人得不到休息，生态也随之失衡。"从前五六月栽完秧，七八月薅草，再到十月至十一月的收获后,整个漫长的冬季都是我们休闲放松的时间。"而现在,不少村民告诉我,他们紧接着就要种蔬菜,修整果树。我每晚都看到远处山地有一块狭长地带,整夜灯光照耀如白昼。"那是一个旅游度假区吗?"我问。"不,那里种植了鲜花。"他们解释,"没有光,花长不好(No light, flower no good)。"持续的光照是为了使鲜花24小时不间断生长。这就像是现代社会的一个隐喻和讽刺,身处其间的我们和24小时被催长的鲜花有何不同?

在我的研习计划中,有一项很重要的活动——参加农岛水稻丰收的庆祝仪式,村民们会用当年的新米酿成米酒,献给"水稻母亲"。可直到我离开的时候,这个仪式也未如期举行。"今年收获结束的时间比往年晚了半个月。"桂解释说。因为水源不足,随着整个地区经济作物的种植面积不断扩大,用水日益紧张,当年一些高海拔水田的插秧时间一再推迟,加之全球气候变暖,给粮食生产带来更多的不确定性。"这几年炎热的天气越来越多,雨水变少了。"不止一个村民向我发出这样的感叹。

"为什么大家会变得如此忙碌?"我不解道。

桂笑了,指了指房间里的电灯、电视机、电冰箱、燃气灶,还有屋外的摩托、皮卡、大货车,以及我手上正在录音的手机,说:"你知道,这些都是外面的东西,都要买的。三十年前,村子里只有一两家商店,现在十个指头已经数不过来了。"日益涌入的新兴事物,刺激着村民们的欲望,也让他们意识到自己的"贫穷"。加之现代的教育系统和四通八达的网络交通,让越来越多的年轻一代选择离开家乡。

从 lazy（懒惰）到 busy（忙碌），我感到这个村庄正处在一个历史的分叉点上，传统与现代，从未如此激烈地在此交织。它的未来会走向何方？作为一个经历过城市化的外来人，我对此感到担忧。但是，我发现我的导师桂和村里其他的返乡青年却以一种乐观、愉快而轻松的生活方式来应对。

"必须去适应。"这是我问桂如何看待这种转变时得到的答案。

用咖啡回应未来

2019 年 11 月 29 日，在位于清迈市区的梅州大学（Maejo University）举行的"新一代返乡青年工作坊（Successor Generation Workshop）"上，桂作为已经返乡 15 年的前辈代表出席并做分享，他做自我介绍时嗓音沉稳悦耳，内容却异常简短：（我是）做咖啡的。

桂谦虚内敛，我多次想要采访他，请他说出自己的故事，他都拒绝说自己并不重要，重要的是向社区学习。可我还是从大家口中得知，他是村里第一个做咖啡的人。这要追溯到四十多年前，得益于联合国对泰国皇家计划的支持，桂的外祖父母和族人种植了大量阿拉比卡咖啡。可面对成熟时漂亮的红果，他们并不会加工，只是采摘后低价交给联合国的项目销售。后来项目结束，失去了销售通路，村民们纷纷砍掉咖啡树改种其他，少量幸存的果树也无人问津。

直到十年前，桂才将咖啡的处理和烘焙技术带回了村庄。他是进过城、受过现代教育的年轻人，却一刻也未曾想过割断与土地、村庄和族人

桂亲手修建的房子

桂向大家展示他的咖啡

的联系。他亲眼目睹克伦族社会近几十年来的变迁,大学读"社区发展"专业,毕业以来先后在NGO和地方政府工作数年。"我做的事情真的能促进社区发生好的转变吗?"他问自己。最后,他决定回到农岛,从事生态农业,"以农业为基础,再来做其他发展就很简单"。

那要种植什么呢?偶然的缘分,让桂得到了一个关于咖啡的学习机会。现在泰国的年轻人都喜欢喝咖啡,他也不例外,相对于新鲜易损、需要及时销售而在市场中处于劣势的鲜果,咖啡熟果耐储存,也拥有更大的议价空间和附加价值,显然能获得不错的经济效益。更重要的是,咖啡树是林下作物,喜欢隐蔽或半隐蔽的湿润环境,不用开辟新的林地,这样就减少了对森林的破坏。而且祖辈以前种植咖啡的森林的下游地区是重要的水源地,进行生态种植,亦能守护这片水源地,实在是再理想不过了。

现在桂拥有自己的咖啡品牌,也有自己的小组——带动村里十几个年轻人一起种植有机咖啡,成立了一家社区企业。除咖啡外,也有许多其他有机产品,不仅在泰国国内受欢迎,也远销海外。所得收益不仅回馈给小组的每个成员,也有一部分用于支持社区的可持续发展,应对公共议题。

对桂而言,咖啡并不仅是用于销售的现代商品,也兼具延续保护自然的古老信仰的使命,两者并不矛盾,关键在于如何在时代变迁中找到自己的位置,在传统的根基上发出新芽。

相较于村里的其他人家,桂家里的屋子特别多,除了能满足日常所需的克伦族传统主屋,还有独立的咖啡厅、厨房、会议厅、储藏间、洗漱间等。室内装修风格既有克伦的传统元素,也有很多现代设计,人在其中行走坐卧都十分自然舒适,非常实用,体现了他一以贯之的融合理念。这些都是桂返乡十几年以来慢慢建造的,我很少见到有人可以把自己的生活空间营造得如此美好。

可让我惊讶的是,这些空间不仅自己使用,也向社区开放。"桂以前很努力地劝说年轻人留在家乡,可他们后来还是选择外出打工。于是他想到,首先要把自己的生活经营好,让大家看到留在家乡也一样可以拥有美好的生活。"一直致力于推动青年人参与社会运动的非营利机构泰国志愿者服务基金会(Thai Volunteer Service Foundation,简称TVS)的负责人Kratae告诉我。桂是TVS与梅州大学、北方发展基金会联合开展的"青年返乡计划(Youth Returned Homeland Project)"的第一期学员。

以咖啡厅为例,这就是桂带着村民学习喝咖啡的地方,也是小组成员一起学习新知、讨论村庄事务的场所。每天一早,桂就会去那里磨好一壶咖啡,静待大家的到访,也有许多来自日本、澳大利亚、曼谷等地的咖啡爱好者慕名而来。

而桂的厨房则是为了回应"食品安全"而出现的。第一次从桂口中听到"食品安全"这个词汇时我非常惊讶。"村里有非常多的区域种植经济作物,农民种这些东西,但不知道如何销售,虽然有些市场渠道,但是价格非常低。他们卖掉这些,又花更高的价格买城里的加工食物回来,这需要不停地种植,破坏森林,并不是可持续的方式。"他解释说。

"当你种植的时候,不能仅仅为了销售,你也必须吃自己种的东西,能够自给自足,剩余的再进行销售。但我现在看到的情况是,村民都不知道如何烹饪，想不出任何菜单，因为我们现在种的作物都来自村庄之外，我们的祖先并没有告诉我们该如何食用。所以我们必须适应现在这样的情况，去学习它们的烹饪方式。"而厨房就是桂和村民一起学习烹饪的地方。

我惊讶于他有如此宏观的视角，又用如此细致入微的行动来踏实回应，令人感佩。当然前提是无论咖啡、建筑，还是烹饪，他都抱有浓厚的兴趣。关于未来，桂告诉我下一步他打算做果汁加工。"没错，我们种了这么多果树，为什么不呢？这样我们就可以随时喝到自己做的果汁了！"他兴致勃勃地和我畅想。

对了，我忘了提桂家咖啡的名字——"Lapato"，这也是环绕农岛众山中一座山的名字。"它是看着我们长大的。"桂笑着说。

人物小传

伍娇，自由撰稿人，关注生态农业与原住民文化。

本文原载于《自然生活——比邻泥土香2020》。

日本经验：用"六次产业"再造故乡

陈统奎

2017年7月30日，我们飞往日本九州福冈，一直到8月9日回国，包头包尾一共11天，对九州六次产业优良案例、社区营造案例、顶级名宿进行了体验式游学。

举个例子，我们住宿的大分县由布院的龟井别庄，两个人一起住的一间日式套房一晚的费用接近5000元人民币。这是一家日本顶级温泉旅馆，一共有22间客房。我们常说，乡村也可以搞档次高、品位高的服务空间，龟井别庄就是我们想要的那种高品位。

2014年，我曾经想，把"从乡村出发，从世界回来"这句话用在国际旅游岛这块地盘上，再合适不过了。我们在海南岛上做产品，真的不能闭门造车，我们要知道在这个世界上同样的产品，别人是怎么做的，而且做到了哪一步，然后选一个国际一流作为榜样，努力追赶。

如果能做到"一步就是世界级",那就非常对得起"国际旅游岛"这块招牌啦。

自傲的农民

我们出发去日本之际,海南省委省政府制定并颁布了《关于以发展共享农庄为抓手建设美丽乡村的指导意见》。其中"共享农庄"是2017年中央一号文件提出的一二三产业融合发展战略与财政部推动的"田园综合体"的海南落地版本。加之省里有全局观,于是把各种政策工具糅合起来放到"共享农庄"这个篮子里,落脚点是"建设美丽乡村"。以我个人的观察,这与日本20世纪70年代以来做的"打造观光城乡",还有我国台湾20世纪90年代以来做的"社区总体营造"很相似,都是政府发动大家一起来再造故乡。

2013年,我到东京大学拜访日本社区营造泰斗西村幸夫教授,他说"打造观光城乡"能够变成一场如此持久、如此深刻的社会进步运动,是因为日本各级政府悟到,光靠政府一手包揽是行不通的,因而最终走向官民合作,激活民间活力,实践出"一村一品""六次产业""社区营造"等启迪全球的宝贵经验。我国台湾,其实就是日本的学生,而且是比较老实和勤奋的学生,在一些方面甚至青出于蓝而胜于蓝,比如乡村民宿,台湾服务得更有热情,更有人情味。

本次我们去日本游学的主题是"六次产业",这是日本学者今村奈良臣于20世纪90年代提出的一个概念,这个概念来自一个公式——"1×2×3=6"。其实就是我们中央一号文件说的"一二三产业融合发展"。听说这个概念在日本最鼎盛的时期是在2011年前后。当时,日本政府大力补贴六次产业项目,补贴比例高达50%。不过,即使有政府的大笔资金补贴,也没那么容易成功,成功率只有10%,那些没有成功的90%不是产品做得不好,而是不知道怎么把好产品卖出去。

8月1日,我们来到中国人非常熟悉的海滨城市长崎,参访了一个农业六次产业先进模范案例——大村梦幻农场。

这是8位长崎果农不满渠道商大赚,自己却苦命的现实,联合起来的故事。通过做六次产业,把葡萄等农产品做成冰淇淋、面包等深加工产品,并筹建了一个投资5亿日元的"田园综合体",包括冰淇淋工坊、葡萄田餐厅、糕点工坊、面包工坊、新鲜组(农产品直卖所)、采摘农园和农产加工坊。最初他们8个人其实没有多少钱,才凑了1500万日元(相当于100万人民币),政府补贴了50%,即2.5亿日元,剩下全部是银行贷款。如今一年营业额10亿日元(约6000多万人民币),一般员工一年薪水600至700万日元(超40万人民币)。这是非常了不起的成绩,当然,一路走来并不轻松,他们用了15年才还清银行贷款。

创业八罗汉之一的山口先生接待了我们,他风趣生动的分享让我们收获良多,其中有一个观点引起了我们的强烈共鸣。山口先生说,日本有人搞六次产业搞成0×2×3=0,因为农业不赚钱,结果没有了农业,六次产业就等于0了。有人反过来做,3×2×1=6,农业只是点缀,把第一产业作为广告，而且声音很大，日本麦当劳就这么干，农民很反感。所以，大村梦幻农场从一开始就坚持办新鲜组（农产品直卖所），卖大村当地的时鲜，一共与150家农户合作。其中50家为专供户，其余100家为非专供户，他们都拥有产品定价权，新鲜组仅收12%和15%的销售提成。

山口先生说，农民们虽然拥有定价权，但在农产品不太好卖的大环境压力下，在日本全国2.3万多家农产品直卖所中（这个数字高于便利店的1.8万家），农户之间搞降价大比拼，结果大家越卖越便宜，便宜到没办法卖了。于是，在大村梦幻农场，新鲜组不允许农户降价，理由是"我们不想做任何对农户不利的事情。跟风的人最容易降价，没有任何自傲，新鲜组不会跟这样的人合作"。这是一场驱逐劣币保护良币的战斗，新鲜组支持那些种出好食材的农民高价销售，获益最大的当然是这些"自傲的农民"，他们也让"自傲"变成了一种帕累托优化。

> 帕累托优化（Pareto Improvement），也称为帕累托改善或帕累托改进，是以意大利经济学家帕累托（Vilfredo Pareto）命名的，并基于帕累托最优变化，在没有使任何人境况变坏的前提下，使得至少一个人变得更好。
> ——编者注

在这个案例中，我们得到的启发是六次产业的出发点是做出农业的价值，并且实实在在保护农民的利益，不仅提高农民收入，而且让他们活得更有尊严。

在日本游学途中，微信朋友圈在传一篇海南省委领导发表的文章《积极发展"共享农庄"，促进"三农"新突破》，里面提到发展"共享农庄"的"三个不能"，一是不能

日本经验：用"六次产业"再造故乡

参访马路村

丢掉农业的主题，二是不能忽视农民的利益，三是不能搞成变相房地产。对照大村梦幻农场的实践，我惊喜地发现两者的观念高度一致。这篇文章讲得很清楚，"共享农庄"的最大卖点就是海南热带特色农业和特有的生态环境。没错，这个认识"一步就是世界级"。接下来，我们期待的便是类似大村梦幻农场这种案例在海南生根发芽，茁壮成长。

我们可以借鉴大村梦幻农场新鲜组的经验，为"自傲的农民"提供农产品直销平台，把定价权交给农民，让他们的农产品优质优价地卖出去，让他们有本钱自傲起来。

少不得的火车头

这一趟日本游学，让我和蒋总（海的故事、田园梦想创办人）、冯总（海南森林客栈创办人）最受震撼的是由布院。

巧的是，出发之前我去海南省住建厅拜访陈孝京副厅长，他特别在办公室电脑上播放PPT，向我介绍由布院，但见一条乡村商业街上百业兴旺的场景，非常令人向往。他说他们在那儿只待了半天，却流连忘返。后来，我们在由布院町住了4天3夜，也是流连忘返，依依不舍。

在由布院的第二天晚上，我们请在龟井别庄工作的中国同乡、"90后"的前台经理惠文文餐叙，问了她一个核心问题：由布院成功的本质是什么？

惠文文回答：把自然保护得很好。

80年来，由布院的发展轨迹是这样的：先是自然状态的温泉乡，后有温泉旅馆（第一家正是龟井别庄），再有观光商业街。有趣的是，商业街上许多有名的餐厅都是龟井别庄的厨师辞职创立的。由布院最美的风景是金鳞湖，这是一个火山涌泉形成的迷你小湖，龟井别庄就位于金鳞湖畔，占据了由布院的最佳位置，院内的大树也是整个由布院盆地最高大的，有好几棵树龄超过200年。

龟井别庄就是由布院发展的火车头，它的故事是这样开始的：在著名温泉圣地别府开温泉旅馆的中谷家看上了临近的由布院优美宁静的自然环境，于1921年来由布院盖了一栋有茅草屋顶的乡村别墅，除了自己度假，也吸引了很多文人墨客来休养，包括著名作家川端康成。不过直到1963年，中谷家才真正在由布院注册公司，真正当生意做，房间数也从1间扩建到8间。一年后又盖了餐厅，到1973年才又增加了咖啡馆和杂货店。

目前由布院三家顶级温泉旅馆的商业模式是一样的，除了客房，都配套了餐厅、咖啡酒吧、专卖店这三样配件。如果我们把他们称为"田园综合体"，那也不离题。"田园"是他们的灵魂，是他们都要守护的价值所在；"综合体"则是他们的商业模式，是他们的生存之道。

今天的由布院，一年接待游客400多万，其中300万是国际游客，是真正意义上的"国际旅游村"。旅游年收入300多亿日元（即20多亿人民币）。我们在逛由布院商业街的时候，一会儿逛地酒专卖店，一会儿逛酱油专卖店，一会儿逛蜂蜜产品店，一会儿逛服装店，一会儿逛文创店，一会儿逛木工制品店，一会儿逛竹制产品店……各种精品生活店应有尽有，而且品位之高不输于京都、东京等大城市精品街。我跟蒋总和冯总感慨说，别说海南岛没有，就是上海滩，到今天也还没有这个体量和品位的精品生活一条街。

话说，罗马城不是一日造成的，由布院亦不是一日造成的。

就像龟井别庄是 4 代人传承创业的结晶，由布院的发展也是一步一个脚印走来的。分水岭是 20 世纪 70 年代。在这之前，由布院经历过反水库运动和反高尔夫运动，村庄、稻田、溪流等自然环境保住了，但旅游这碗饭怎么吃，当时的人们还没搞清楚。龟井别庄走上商业化后的第 8 年，也就是 1971 年，那时是第三代掌门人中谷健太郎当家，他邀上另外两家温泉旅馆的掌门人——玉之汤的沟口薰平和梦想园的志手康二，一起去欧洲游学，历时 50 天，走了 9 个国家。

听说，被称为"三驾火车头"的这三个年轻人，那时候已经做好思想准备，如果这次考察旅行无法坚定信心，回来就抛弃依赖旅游业谋生的做法。那时，他们的温泉旅馆已经开了好几年，但别府的温泉实在比由布院好，名气又高，游客都跑到别府去了。那正是日本全国经济高速发展、热衷团体型观光的时代，三位年轻人却提出发展度假型、个人型观光，而且以社区营造为最优先目标，于是想去欧洲看看发达地区有没有这方面的经验，由布院走这条路有没有可行性。

幸运的是，他们三个人在德国巴登获得了榜样的力量，这是一个黑森林与群山环绕的小镇，也是一个环境优美、自然一流的温泉疗养地。他们找到当地的议员,议员认为小镇中最重要的东西是"安静""绿意"和"空间"。这三个关键词让三位年轻人豁然开朗,激动得一塌糊涂。

从德国回来,这"三驾火车头"带领地方上志同道合的人们着手营造融入自然的安静的温泉地,一起确立了"绿意、宁静、广阔"的定位。他们的操盘平台是由布院观光协会和由布院旅馆公会,为了避免其他地方那种两套领导班子失和的情况,他们设立由布院观光综合事务所作为两会的秘书处,即中国人讲的两块牌子,一套人马。那时,由布院观光协会的会长正是中谷健太郎,他的领袖风范与领导能力,起到了至关重要的统领作用。

为了进一步引进外面的空气,活化由布院的观光,1997年,由布院观光综合事务所更向全日本公开征求秘书长。这个消息轰动一时,中谷健太郎说:"全国当然也包括由布院在内,公开向全国征才,是希望不要只是地方上的人聚在一块儿。"

从理念到落地,由布院一以贯之。比如,由布院对所有新建房屋限高,这样,在由布院盆地,不管站在哪个角度,你都可以望见活火山口由布岳。他们还反对大规模开发项目,规定大于1000平方米的项目要经过严格审核。1000平方米而已!我们中国人听了会笑破肚皮的,这才多大的地块?然而一切都是为了保留农村田野景观。20世纪90年代,他们还自立"温馨洋溢城乡营造条例",反对度假村式大型开发项目,终于保住了由布院"绿树村边合,青山郭外斜"的自然美景。

在由布院散步的时候,我们最开心的是穿越村子中央的稻田,恰好遇上台风雨，一阵大风来，稻花千层浪，我们停下来看了又看，舍不得挪动脚步。蒋总站在稻田中央感叹"风景太美，甘愿堕落"。

当然，由布院是不允许堕落的，它不允许色情行业存在，主打女性消费者，慢慢变成了日本人心目中的"高级温泉度假目的地"。我们发现，白天热热闹闹的观光人潮（每天超万人），到了晚上，一下子退潮而去，还原出一个乡下地方的宁静，但闻百虫鸣。由布院的晚上是禁止旅游车进入的。

如今，对比别府和由布院，你会惊讶地发现，别府被建设成了一个普通的小城镇，而由布院依然是一个盆地山村，把自然风光保留得非常完好。今天由布院的温泉旅馆不仅价格比别府贵，人气还比别府高。我们把由布院目前顶级的三家温泉旅馆都看了（后起之秀"山庄无量塔"超越了理想园，进入了前三），总结起来就6个字：很高贵，很安静。

由布院的发展离不开"三驾火车头"，更离不开他们的远见与定力。他们为了能守护由布院的自然环境，不为大型观光开发所迷惑，成了相当具有理念的社区领导者。

在由布院的时候，蒋总问我由布院是怎么变成今天这样的呢？我回答：社区总体营造。先有"三驾火车头"的引领，再带动整体居民参与、创造，然后吸引更多大都市的专业人士一起再造新故乡，日本人称之为"生活作家"。其中，有一位明星式人物——由布院料理研究会的代表新江宪，他是一位外来的由布院旅馆主厨，是他推动了由布院地产地销浪潮。还有一位"明星"小林华弥子，他辞掉东京外资银行的工作，在由布院景

日本经验：用"六次产业"再造故乡

参访由布院

观营造运动中扮演核心角色。再有就是江藤国子,她原是日本农林水产省的公务员,因缘际会加入由布院农家,以她的专业与热情,带领当地居民一起从事新农业运动。

这些外来的"生活作家",同样起到了"火车头"的引领作用。

由布院给我们的启示是,既要本土"火车头",亦要欢迎外界的专业级"火车头",大家拧成一股绳,再造新故乡。有了这个认识,我们就能深刻理解"共享农庄"中"共享"两个字的重要价值。"共享农庄"的本质特征便是共建、共享、共赢。

对于海南"共享农庄"事业来说,非常有必要做好两件事:一是鼓励一批本土精英做共享农庄的"火车头",起到引领作用;二是吸引一批大都市的专业人士来做"共建人",尤其欢迎他们来当"火车头"。只要有这两类"火车头"共同牵引,假以时日,海南一定能诞生一批成功的"共享农庄"。

我的农庄梦

2021年是我第3次到日本做专业游学,日本的六次产业逻辑对我影响非常大,最终帮助我走上"用六次产业再造故乡"的道路。

我是2001年从海南岛的火山村考上南京大学的,也是本村第一个大学生,毕业后,先在上海新民晚报社的《新民周刊》工作,后来去《南风窗》担任高级记者。2009年,我从上海回到火山村做乡村再造事业,带领荔枝农转型自然农法种植，2014年创立火山村荔枝品牌，到2017年累计实现了从0到1000万的销售额小目标。

2016年的时候，我还去过日本高知县马路村考察六次产业，它的六次产业组合是柚子园+柚子加工厂+产品直卖所与温泉民宿，一年营业额近3亿人民币，全村只有900多人。

我们探究出马路村成功的奥秘，是将整个村落的形象跟商品结合起来销售，即销售整个乡村形象，与消费者端的"乡恋"情结对上号。其成功打造的爆款产品"Gokkun马路村"柚子汁，一年销售近700万瓶！另一款是柚子口味的酱油，一年销售600万瓶。正是这两款产品的带动，缔造了一年3亿人民币的销售神话，而且几十年屹立不倒。

从日本回来后，我认真研究了火山村接下来的路该怎么走，最终决定在火山村实现以荔枝为代表的火山物产的种植、加工、体验消费一条龙作业，形成一二三产融合发展，即"$1×2×3=6$"的六次产业格局。主打产品方向是"冰品"，也就是将荔枝、火龙果、生姜等一产，加工成冰激凌、雪糕和冰棒。

目前我们78个火山村的荔枝年产值是1.3亿元，只要提高1倍的附加价值，1.3亿元除以2.3万人，等于人均年收入提高了5652元。换句话说，只要把六次产业做好了，我们可以让整个火山小镇的荔枝农精准脱贫。六次产业最大的魅力正是"倍数加乘效应"。原来是1元1斤，通过六次产业就可以卖6元1斤，这就是把附加价值做出来了，而且是倍数加乘效应。

我有一个重要的判断：中国人的消费升级和乡愁情怀，正在催生一个乡村场景的大消费时代，简称"乡愁经济学"。

我们计划将火山村"六次产业园"打造成品牌体验地和线下流量入口，同时布局多渠道销售入口，全国宅配，把火山冰品打造成爆款产品。

六次产业"$1 \times 2 \times 3 = 6$"这个公式，有人把其中两个乘法理解为"品牌和文创"，打造六次产业的关键正是"品牌和文创"的力量。如果没有品牌和文创，打造六次产业是很难的。庆幸的是，品牌和文创是我的所长，这是我做火山村"六次产业园"的信心所在。

六次产业的倍数加乘效应，对我非常有吸引力，这个产业逻辑可以帮我们做出火山村农业的价值。我的梦想是将火山村粗犷豪迈的精神与消费者的乡愁对接，这是一件非常浪漫的事情。用一句话概括就是：把土里土气变成扬眉土气。别人瞧不起乡村，我们偏偏要为我们的乡村争一口气，让它变成令人尊重和向往的地方。

人物小传

陈统奎，火山村荔枝创始人，半农半X的生活者，毕业于南京大学，原《南风窗》高级记者。

韩莎琳产消融合的发展经验

薛宁 / 柏鑫玉

韩莎琳发展背景

在20世纪80年代工业化高速增长的背景下,韩国出现了诸多社会问题,如农村社区衰落,土地和水受污染,农药和化学添加剂的使用引发健康问题,由于经济发展和开放导致食物自给自足体系崩溃等。在这样的背景下,韩莎琳发展起来。

韩莎琳始于1986年,一开始只有一个小小的店铺,名叫"Hansalim Farm",致力于建立城乡之间直接交易的关系,关注健康的食物,出售有机大米和其他几种商品。1988年成立韩莎琳共同体消费者合作社,促进产消间的交流,这一种模式也逐渐演变成韩国合作社运动的主要模式。然而1998年,韩国制定了生协法(消费者生活协会组织法),这个合作社在当时并不是受法律认可的合作社，仅作为一种根据内部运营机制设立的自治组织而存在。

在韩语中，韩（Han）指的是一个、一整个，也指所有的生命体。莎琳（Salim）有两个意思，一个是家里内部的工作，譬如修缮维护房屋，照顾家庭、孩子，同样也指的是付出、给予生命。所以两个部分合在一起，韩莎琳（Hansalim）意味着帮助并拯救全部生命。

韩莎琳合作社联合会

韩莎琳于2011年构建起韩莎琳合作社联合会（简称韩莎琳联合）架构，从生协法法律层面来看，这是一家消费者组织—生活合作社，但实际上，韩莎琳合作社联合会是韩莎琳运动联合，是生产者和消费者共同体，是消费者合作社和生产者组织的联合体。此外，财团、众筹、研究室、教育中心、出版社都包含在其中。韩莎琳合作社联合会由生协部门、生产部门和扶持这两个部门的支援部门构成，生协部门由消费者参与的23个会员生协（又称消费者合作社）组成，生产部门是由20个道市郡联合会、区域联合会及加工生产联合会组成，支援部门是由母心有机研究所、韩莎琳图书出版社、韩莎琳阳光发电合作社、韩莎琳财团、韩莎琳众筹这5个团体构成。

支援部门中母心有机研究所成立于2002年，致力于调查、研究韩莎琳的各项活动，根据实践做一些课题研究，深化和扩展韩莎琳精神，同时

韩莎琳产消融合的发展经验

韩莎琳团结全国各地的生产者,遵照人与自然和谐相处的原则耕种,守护一方净土,保护老种子,提高粮食自给率,振兴农业。图片来源于《韩莎琳2020年度报告》(2020 HANSALIM Story)。

发布生态农业的相关信息，在韩莎琳成立30周年时主办庆典活动，发布《韩莎琳宣言》，并翻译成中文和日文版本进行传播。韩莎琳财团是为实现弱势群体在社会、经济层面的自给自足，实现农业农村可持续发展而设立的机构，其开展的生命餐车（为公益活动提供食材）、食物互助事业（为流浪汉、老人、残疾人、单亲家庭等弱势群体持续提供食材）、生命合作研究（为食材、生命、农业、农村、生态、能源、气候等与生命相关领域的研究群体提供经费）、紧急救助（扶持疫情、火灾等社会及自然灾害）等活动产生较高的社会价值，为社会发展提供正能量。

韩莎琳合作社联合会的事务局下设政策策划部门、支援组织部门和宣传部门三个职能部门，具体运作联合会事务。

政策策划本部下设两个分支部门，分别负责政策制定和活动策划。政策制定涉及韩莎琳的运营方向及活动战略。比如，2020年韩莎琳组织了减少二氧化碳的社会活动，以及应对新冠疫情的活动。此外，韩莎琳也会就农业、食品相关政策向有关部门提出自己的意见。

支援组织部门负责扶持23个生协组织，下设组织支援部和事业支援部。组织支援为生协提供在法人登记、相关手续办理等方面的法律帮助，还负责整改生协的章程与条约，后期也会对生协整体组织风貌和领导风格进行检查与指正。事业支援主要负责改善线下店铺的运营情况，如通过培训来提高店铺负责人经营管理能力等。

宣传部门下设宣传内容团队、宣传策划团队和宣传设计团队。宣传内容团队主要负责在各大社交媒体发布信息，组织策划和运营；宣传策划团队针对韩莎琳的产品进行推广和宣传；宣传设计团队负责产品包装的设计。

韩莎琳合作社联合会设有事务决策机制，最高决策机关是定期总会，每年召开一次，有200位议员参与，其中175位是来自生协部门的消费者会员，20位是生产者会员，3位是联合会的成员，2位是母心有机研究所的职员。除此之外，每月召开的理事会也是重要的决策机关，有32位理事代表参加会议，其中包括23位生协部门理事长，5位区域生产代表，4位其他部门职员。

韩莎琳生产者联合会

1. 组织架构

1986年韩莎琳的小米铺成立，提供的产品有大米、鸡蛋、芝麻油和餐桌上基本的食物。相应地，韩莎琳的生产者也组织创办了生产者协会，并把协会作为社会运动向前推进。2011年，协会更名为韩莎琳生产者联合会，一直运行到现在。韩莎琳的生产者共同体每月召开一次例会，实行民主管理。据2019年的数据显示，目前有2192家生产者形成了120家生产者共同体，组成了11个道市郡联合会，7个区域协商会和1个加工生产联合会，相互协作着开展生产活动。

2. 入社规定

韩莎琳的生产者联合会是以5户及以上拥有生产活动的生产者共同体

为单位的联盟。单个生产者加入生产者联合会可以通过加入已有生产者共同体或寻找其他单个生产者，联合组成新的生产者共同体的办法，但要通过生产者共同体对其生产情况的检查。

生产者加入韩莎琳需要 8 个步骤：

（1）同意韩莎琳的理念和宗旨；

（2）向当地生产者共同体表达想要加入的意愿；

（3）生产者共同体需要考察其土地、周边环境、种植等情况；

（4）在生产者共同体和联合会区域协商会的月度会议上同意生产者的加入；

（5）新加入的生产者要接受韩莎琳组织的教育培训；

（6）向全国运营委员会申请加入并在月度例会上审核同意；

（7）缴纳"基本出资金"50000 韩元（折合人民币约 300 元）和出资金额的 2% 作为会费；

（8）作为韩莎琳生产者合作社的社员，要坚守诚信，积极参与韩莎琳组织的会议、城乡结合活动和教育培训活动。

> "基本出资金"是译者安敏瑞根据韩莎琳合作社联合会常务理事尹亨根的讲解翻译而来的。英文资料原文为"the basic investment"。

3. 约定生产

韩莎琳会预估一年的消费量，按照生产地的品类和数量制订生产计划书，和生产者拟订生产合同，生产者按照合同约定的事项进行生产活动并为韩莎琳供货。同时，生产者需按照严格的生产标准进行生产活动：

（1）自主育苗。个体农户、社区生产者自主育苗。

（2）禁止温室气体排放。除严寒天气外，不允许生产者使用化石燃料供暖。

（3）隔离带设置。与常规农场间隔至少 4 米，以防其农用化学品漂移至韩莎琳农地（距离不足时，设置 1 米高的隔离带）。

（4）农药残留检测。对于有意向为韩莎琳生产、供应食材的农场，韩莎琳将于前期连续做 2 年农药残留检测。

（5）管井设施。在大棚周围安装管井设施，以防被污染的农业用水侵入。

（6）禁止合成农用化学品。农田和稻田里不投放使用任何除草剂、生产调节剂，田埂和河岸周边也禁止使用。

（7）河床淤泥。鼓励培育符合标准的自家河床淤泥或利于良好环境的河床淤泥。

（8）环境友好型堆肥。采用有机认证的环保堆肥，来自有机、非抗生素牧场的粪肥和农牧混合资源循环的发酵肥料。

（9）尊重生物多样性。在韩莎琳有机水稻田里，多种生物和谐共处，杜绝使用除草剂和化肥。

韩莎琳原则上严格按照上述标准监督生产，此外对于没有能力按照上述标准做到完全有机生产的生产者，韩莎琳持包容态度，但会公开透明地告知消费者生产投入品的使用情况，如体现在产品标识上，以一个果实、两个果实、三个果实区分三个等级的产品：一级产品在生产过程中使用了被许可的农药化肥（减农药、化肥标准）；二级产品没有使用农药，使用了少量允许使用的化肥（无农药标准）；三级产品完全没有使用农药、化肥（有机标准）。

4. 参与式认证

韩国的环境友好认证制度在1997年成立，而韩莎琳在这之前就采取了绿色种植，创办了相互信任的参与式认证制度，用此制度来规范、监管生产者生产，提高产品品质。参与式认证与国家认证制度相比，更加注重认证的整个过程和人与人之间的关系。参与式认证的特点是以生产者共同体为单位参与，通过土地检查、培训和参加会议的形式进行自主管理。

参与式认证流程是：生产者共同体发布自主检验报告书，由一位社员、一位消费者和一位韩莎琳职员接受生产者共同体的培训，组成自主检查团队，并按照报告书中的内容展开检查。随后将报告提交由社员、职员和外部专家组成的认证审核委员会，由委员会审核报告的真实性、合理性。通过审核后，便可为生产者颁发自主认证证书，赋予其韩莎琳参与认证标志（Hansalim Participatory Certification）。随后，生产者要严格按照标准种植，职员也会密切关注生产者的生产活动，并给予相应支持。

虽然韩莎琳没有专业的技术支援机构，但生产共同体内的生产者们相互帮助，进行生产和品质管理。此外，共同体也会接受一些地方自治团体运营的农业技术中心和其他农业技术相关的专门机构的帮助。

韩莎琳会员生协

会员生协是消费者会员组织，消费者会员充分享有消费自由、退社自由的权利。加入会员生协的消费者需缴纳30000韩元（约合人民币178.38元）的基本出资金，以及3000韩元（约合人民币17.83元）的入社费，成为会员后可以低于非会员价格10%的价格购买合作社内产品。

> 消费者会员是指居住在会员生协所管辖的行政区的市民，消费者会员可以根据自己的居住地选择所属的会员生协。

线下店铺是会员生协的事业领域，由消费者会员的基本出资金建立，门店自主管理、自负盈亏。

每家店都是由当地会员生协自主决定是否开店，包括选址、产品、店铺规模、员工数量及部门设置等。韩莎琳合作社联合会在运营管理方面为其提供宣传资料（海报）、公共关系、职工培训等服务，有时也派人协助建立。门店的利润分配将全年收入的71%分给生产者，21%作为生协的运营费用，8%作为物流、配送等事业联合单位支出。

> 店铺的选址要考虑到半径1至2千米内住户数量、店铺租金及停车场等情况。

据韩莎琳2020年报显示，截至2019年12月底，23个会员生协的工作职员总数为333名。据2020年9月底统计的数据，韩莎琳的线下店铺共有232家，728585户社员。

韩莎琳事业联合

韩莎琳事业联合是由"韩莎琳联合"内部的事业部门分化、设立的株式会社(即股份有限公司),由消费者合作社组织和生产者组织共同投资设立。韩莎琳的事业联合包括五个部门,分别为项目策划部门、采购部门、物流部门、信息系统本部和订货客服本部。

韩莎琳产品体系

1. 产品种类

韩莎琳提供的产品丰富多样,包括农业、渔业、畜牧业产品,加工食品以及其他生活用品,涵盖大米、谷物、蔬菜、水果、坚果、牲畜、海鲜、乳制品、果酱、豆腐、面条、饺子、零食、化妆品、环保洗涤剂、卫生纸、书籍等超过2000个种类的产品。韩莎琳的主旨是为消费者提供本土的食物,尽管销售的产品种类十分丰富,但只出售本地生产的产品。针对进口贸易的产品销售计划,韩莎琳内部经过多次讨论,最终认为国际贸易也是协会发展的重要部分。于是,2016年韩莎琳与其他三个认同这种理念的生协组织共同成立一家进口公司,首次尝试引进公平贸易的黑砂糖。

2. 产品价格

韩莎琳对产品的定价有四个规则:一是根据生产者进行再生产所需的

生产生活费用制定产品价格；二是尽可能减少因市场价格变动带来的影响；三是考虑生产方法、品种、季节等要素；四是尽可能制定的价格使产消之间达成一致。

韩莎琳产品的价格体系并不是完全固定的，需要根据每年生产销售情况，在定期召开的联合会会议上重新制定。2020年年初，韩莎琳制定"71%—29%"的定价规则：产品价格的71%支付给生产者，用于支持其生产生活；29%用于韩莎琳的运营管理。当前这个比例呈前者占比减少、后者占比增多的趋势。其产品价格29%的分配中，8%用于支持联合会，21%用于支持会员生协的经营。用于支持联合会的资金中，有1.25%作为生产稳定基金，当发生自然灾害且演变为生产灾害时作为扶助金使用。

3. 产品包装

韩莎琳的产品包装由韩莎琳的宣传设计团队统一设计，产品的包装代表着韩莎琳的形象与理念。为了与韩莎琳的环保理念相一致，韩莎琳在选择包装材料时尽量选择非塑料制品。目前，韩莎琳也在减少塑料包装，2019年内改善了52个品种的包装，并重点减少垃圾，提高回收利用率。如韩莎琳售卖商品的玻璃瓶上就标有可循环利用的标识，每回收一个玻璃瓶，返还消费者50韩币（折合人民币约0.3元）。目前，玻璃瓶的回收利用率约为40%。

此外，韩莎琳在设计产品包装时还会添加一些传达有机理念的字样和标识，如"当地食品""节能减排""无食用转基因饲料""无抗生素""食用大麦的猪""韩国本土品种大蒜""有精蛋（受精鸡蛋）""帮助售卖""可循环利用""50千克牛奶盒子=一棵30年松树""有机加工品"等。

4. 销售渠道

韩莎琳产品主要通过线上订购、门店零售和机构批发等渠道进行销售。线上以网络和电话的形式,每周定期为消费者会员进行一两次配送,占比17%;线下通过店铺进行产品售卖,占比82%。目前看来,尤其是在疫情期间,线上订购的比例在逐渐上升。此外,韩莎琳积极与幼儿园、学校食堂

韩莎琳致力于搭建一个产消生命共同体,韩莎琳为千万个家庭提供产品,这其中饱含着他们对农业、餐桌食物以及地球生命的深刻思考和炙热情感。图片来源于《韩莎琳2020年度报告》(2020 HANSALIM Story)。

合作,目前这方面的业务在逐渐增多,业务扩张方向与韩国政府食物计划,即食物安全综合政策有关。韩莎琳希望生产、流通、消费等环节都按照食物综合政策的方向进行。

5. 产品配送

韩莎琳为线上订购的顾客进行配送,采用集中物流方式,在23个会员生协分别配置一个地方物流中心,产品由韩莎琳的中央物流中心配送到离

消费者最近的地方物流中心，再配送到顾客手中。例如，产品 A 在 B 地生产，产品 A 先集中到达中央物流中心 C 后，再配送到 B 地的消费者手中，这种方式的配送效率显然偏低。集中物流和分散物流各有优缺点，这与规模、技术都有关。疫情期间，韩莎琳也在重新反思集中物流的不足之处。

6. 产品营销

在韩莎琳成立初期（1986 年左右），人们对有机生产者的认知普遍不足，相关法律也未建立起来。韩莎琳通过访问小区住宅、教堂、圣堂等，宣讲环保有机农产品的珍贵性以及韩莎琳生产者的努力与艰辛，寻求消费者的关注与支持。韩莎琳前期没有大范围使用大众传媒进行宣传，主要借助口碑宣传，采用产消见面会的方式，增进彼此的感情和信任。

韩莎琳也关注消费者行为和与其互动的情况，通过研究消费者的购买行为修改或制定营销策略。比如，母心有机研究所便对消费者会员的消费行为进行调研并分析，更好地了解消费者和他们对韩莎琳的期待，这对于韩莎琳开展生产计划与产品销售十分重要。从 2018 年的统计数据来看，消费者选择韩莎琳产品的主要原因是信任，认同韩莎琳与生产者共同进步的价值观。消费者对食物的安全感主要来自非转基因和零添加。同时，韩莎琳也调查了消费者对于产品品类的需求程度。

韩莎琳金融体系

2017 年 12 月，韩莎琳成立了韩莎琳众筹，由韩莎琳会员生协、生产者共同体等 23 个韩莎琳组织共同出资，通过替代性金融体系来建立生产者与消费者之间的互惠关系。会员可以投资项目基金，以确保运营资金、设施资金、原材料采购资金及其他各种资金的稳定。截至 2019 年，韩莎琳众筹的产品约 40 个，投资项目 1400 个，累计众筹 1300 亿韩元。

韩莎琳城乡互动活动

韩莎琳目前打算在济州区开展乡村旅游事业。虽然韩莎琳之前没有发展乡村旅游业，但在促进城乡交流方面组织了很多有意义的活动，如消费者参与农场劳作、庆祝传统节日、观光农业（包括采摘等）、"生命学校"等。据 2019 年数据统计，带孩子参加生产体验活动的消费者数量大概有 5000 人，参与城乡洽谈会的人数为 1350 余人。

韩莎琳食物运动

韩莎琳以食物为核心，致力于推动韩国食物体系发展。比如：

（1）丑果。除了售卖品相完好的苹果，有瑕疵的水果（丑果）也会在韩莎琳售卖。韩莎琳发起了"食用丑苹果倡议书"，把这些丑果称为"了不起的水果"，尤其是 2020 年，韩国受暴雨影响，农作物受害严重，只要是结出的果子都是了不起的水果。

（2）大米。韩莎琳重视稻田对生态环境的影响，发出"每食用 4 千克当地大米,可以减少336克的CO_2排放"的倡议。

(3)猪肉。在猪肉的标识上,尾巴表示无抗生素;在尾巴末端加上大麦元素,表示倡导消费者吃用大麦喂养的猪肉。韩莎琳拯救大麦运动源起于2012年,大麦原本为韩国的主要粮食作物,但近年来由于获利小,农民种植面积及产量逐年下降。

(4)大蒜。为保护韩国的大蒜老品种,产品包装上显示"本地食物"大蒜字样。

(5)小麦加工品。第二次世界大战后,韩国小麦生产率较低。韩莎琳1991年发起"拯救韩国小麦"运动,挽救小麦,提高生产率。韩莎琳的政策规划部研发了多种小麦加工品进行推广销售。

此外,韩莎琳开展了反转基因、反核能、拯救本地老种子、拯救农田等社会运动,对减少温室气体的排放、保护环境做出很大贡献,对推动韩国有机农业的发展产生很大的影响,同时也推动了韩国的反转基因运动,在一定程度上提高了韩国食品自给率。韩莎琳倡导农民和消费者之间的直接贸易,一方面,稳定了农民的生计;另一方面,保障了消费者的食品安全。

韩莎林信息管理平台

韩莎琳的信息管理平台是"生活E"(Salim E)。韩莎琳的经营状况、供给情况、店铺管理、物流情况、活动回顾以及人事通知等信息,在这里可以清晰查询。

🚜 韩莎琳目前发展状况

据韩莎琳2020年年报显示,2019年消费者会员695997户,总销售额达4.214亿美元,消费者会员共组织943次会议,23个会员生协的工作职员总数为333名;农户2192家,生产农田近70000亩,与2018年相比,土地面积增加近2210亩;食品加工厂108家,共1241名员工;韩莎琳成员共计6021人。据2020年9月底统计,韩莎琳的消费者会员达728585户,占韩国总人口数的3%左右,线下店铺一共有232个,生产者会员有2200余户。

> 韩莎琳成员包括所有理事会成员、核心(消费者)小组成员、韩莎琳合作社联合会全体员工、业务专门机构、消费者合作社全体员工和生产者(农户和食品加工厂的所有员工)。

尽管韩莎琳发展现状较好,但随着经济社会环境的改变,也会面临困境。目前来看,韩莎琳的消费者会员活跃度有所下降,究其原因,是竞争公司增多、饮食习惯改变(如韩国人去餐厅吃饭的频率增加、年轻人独居)等因素共同作用的结果。

2016年3月23日,北京分享收获农场负责人石嫣到访韩国首尔韩莎琳总部时就提到:如今韩国全职主妇的数量在减少,经济不景气,很多女性都需要工作,消费者运动的影响在减弱,势必会影响韩莎琳组织的运作。韩莎琳也在研究怎样才能和消费者会员成为一个更好的共同体，充分了解消费者的需求，为其提供更优质的产品。

人物小传

薛宁，福建农林大学本科毕业。2018年5月至2021年5月，就职于社会生态农业（CSA）联盟，推动参与式保障体系（PGS）在中国落地，走访了全国二十个省份，一百多家生态农场。

柏鑫玉，河北农业大学农林经济管理硕士研究生在读，现于社会生态农业（CSA）联盟做研究助理（实习）。

CSA联盟于2020年8月12日和9月18日同韩莎琳开展两次线上交流。本文根据两次线上交流会的文字实录、《韩莎琳2020年度报告》（2020 HANSALIM Story）、石嫣博士2016年访问韩莎琳总部的实记，以及韩莎琳合作社联合会常务理事尹亨根2017年参加第九届CSA大会的演讲整理得来。

加拿大有机小农与消费者组织

常 天 乐

 **不同机构各有侧重**

出于对农业的可持续发展、食品安全、农业与食品的社会公正等问题的考虑,加拿大全国上下有各个层面的公民社会组织,围绕这些问题组织开展各种活动。来自加拿大滑铁卢大学的丝黛芬妮·斯科特(Steffanie Scott)教授介绍说,在全国层面开展工作的主要机构是加拿大有机农民协会(Canadian Organic Growers)。

这一协会出版了大量书籍,指导农户如何选种、育种、进行种养殖安排规划、提高土壤质量等。他们帮助有机农民在技术、市场和管理上提高业务水平,还为农户搭建平台,帮助他们互相联系,开展消费者教育和政策倡导。在每季度一期的会刊上,农民可以读到涉及有机农业方方面面的文章，话题包括：

1. 具体的农业技术：例如怎样在特定地区种植某种作物，土壤和病虫害管理；

2. 农场管理：每期都会采访几个成功的有机农场，分享他们的经验；

3. 市场营销：例如怎样通过合作社的形式提高销售效率；

4. 政策分析：例如怎样应对政府对于奶制品配额的管理措施；

5. 全球性问题介绍：例如有机农业与气候变化。

期刊还会刊登菜谱、书评，介绍各地的活动，刊发读者来信等，也会有一些相关企业的广告（如认证、咨询、培训机构，有机餐厅等）和分类广告，由此取得一些收入。但是机构大部分运营收入还是来自公益基金会和会员费。

更多组织则是各有侧重地在全国开展活动。比如加拿大生物技术行动网络（Canadian Biotechnology Action Network），重点关注食物主权和环境正义，特别是向公众介绍转基因可能带来的环境和社会问题。

另外一个比较重要的团体是加拿大粮食安全组织（Food Secure Canada），他们通过宣传、教育、外联和研究，发动普通公民关注与农业相关的环境、健康、食品和公平问题，并且采取行动向政府和议会提供政策建议。他们也配合联合国等国际组织在加拿大开展相关研究。

除了全国性组织，各个地区也有自己的农业与食品NGO。

它们当中有些关注生产者，有些着眼于消费者。在滑铁卢大学所在的安大略省，就有"安大略生态农民（Ecological Farmers of Ontario）"、"安大略可持续（Sustain Ontario）"、"安大略食物网络（FoodNet Ontario）"、"滑铁卢地区食物系统圆桌会议"等多个组织，从不同的角度、使用不同的方式关注农业与食品的可持续问题。

这些机构还会出版一些面向消费者的小册子，专门介绍为什么应该从本地的农场购买有机食材，列出每个地区有机农场的位置、规模，以及如何购买这些农场的产品。针对不同的地区，小册子还会列出每种食材出产的季节和月份，提醒大家尽量吃应季的本地食材。如果消费者不在家做饭，他们也贴心地列出一些专门使用本地有机食材的餐厅，供消费者选择。

加拿大的社区支持农业

从2012年开始，斯科特教授就带领几位博士生开展中国有机农业和食物体系的研究，经常往返于中加两国。特雷莎·舒米拉（Theresa Schumilas）是她的博士生。特雷莎本人曾经在政府部门工作了二十多年，一直致力于公共健康政策的推广和研究，包括发起和开展了一个长达十年的食物系统研究和政策倡导。

离开政府部门后，特雷莎于2009年创立了Garden Party CSA有机农场，为滑铁卢地区的几十个会员提供健康、安全的农产品。同时，她也积极参与当地农民和消费者团体的工作。

特雷莎重点介绍了她经营的Garden Party CSA有机农场。这座农场规模不大，只有几十亩地，主要种植蔬菜，春夏秋三季产品品种略有不同，多余的食材则制成罐头和冷冻产品，冬季配送给会员。夏天，特雷莎会邀请会员来农场举办野餐等活动，让会员近距离了解农场。为了弥补自己产品品种的不足，她也和周围的其他有机小农场合作，向他们采购面粉、肉类、奶制品等，再配送给会员。她认为小农场之间的合作、交流是帮助大家共同成长最关键的因素。

后来，特雷莎的农场又转型成一个花卉农场，为城市的花店、花艺师、婚礼策划师和普通家庭提供鲜花CSA服务。

特雷莎认为，自己经营的这种小农场最缺的是人才。于是她和周边的一些小农场联合组织了一个实习生项目，筛选、邀请一些有意从事有机农业的年轻人来农场边工作边接受培训。这样既能降低农场的劳动力成本，也能培养新一代的有机农民，可谓双赢。相比中国让小农户望而却步的高额有机认证费用，加拿大相关的认证成本并不高。特雷莎每年花在认证上的费用不过3000元人民币。但让她头痛的是，为了取得认证，她必须做大量案头工作，准备各种文件和资料。北美不少小农户因为不堪承受认证的时间负担，才放弃进行有机认证。

除了攻读博士学位、经营农场，特雷莎还积极参与当地各种与农业、食品有关的活动，同时关注国际有机农业运动。她承认，农场的收入还不足以支撑她所有的开支，必须通过在学校工作、为新农场提供咨询等活动来提高收入。作为一个四十多岁才"创业"的"新农民"，她的理想是通过自己的CSA农场，既实现可持续农业的理想，也能有足够的收入维持自己和家庭的生活。

加拿大经验对中国的启示

两位加拿大朋友的经历让中国的同行和消费者很有感触。我国的有机农业还处于初级阶段,且已出现由大资本、大企业垄断的趋势,甚至有一些做法违背了有机农业的理念和初衷。

加拿大的有机农业则更加强调人与环境、社会的协调发展,小农户与消费者也有很多空间来结社抱团,维护自己的利益,推动政策的改善。事实上,本地食品运动和有机食品运动已经在北美开展了30多年,其购买选

加拿大有机农民协会通过期刊等各种出版物,为有机农民提供全方位的支持。

择就体现出市场的成熟：除了从超市采购，消费者可以组成团购小组，集体向农场订货；也可以成为农场会员，定期收到新鲜食物；还可以在农夫市集和消费者合作社采购；如果愿意，可以开车前往农场买菜或取菜；发达的网络也让网上买菜成为可能。这些形式都拉近了生产者和消费者的距离，减少了中间环节，既降低了双方的成本，也有助于建立有别于主流消费模式的互信、互助关系。这些经验都让中国有机农户和消费者看到了希望。

目前，国内农协组织主要关心的还是农民的组织架构、民主管理和提高收入水平等具体问题。加拿大的实践分享给我国的农协组织提供了两个新思路：

1. 强调农业的可持续性，通过减少化肥、农药的使用，降低农民对外部资源的依赖，提高农业的环保生态功能，同时又与当前社会最为敏感的食品安全问题相结合。

2. 与消费者相结合，从大流通大市场的套路中跳出来，与消费者直接对接，减少中间环节，加强双方的互信合作关系，赋予农民更多的定价权，提高农民收入和尊严。

斯科特教授来自加拿大滑铁卢大学，她在地理与环境管理学系以及企业和发展学院任教，同时兼任本土经济发展专业主任。她长期致力于研究全球和本地的食物系统，以及亚洲的农村发展问题。除了正常的教学工作，她也积极参与各种学术、倡导、研究和实践工作。她还担任加拿大食品研究协会（Canadian Association for Food Studies）副主席、滑铁卢地区食物系统圆桌会议的成员，以研究人员和普通消费者的身份参与各种实际工作。

斯科特教授和团队关于中国有机农业的新书《中国的有机食品和农业：自上而下与自下而上的生态倡议》（Organic Food and Farming in China: top-down and bottom-up ecological initiatives）已由劳特里奇（Routledge）出版社出版。

> **人物小传**
>
> 常天乐，北京有机农夫市集召集人，从 2010 年开始通过农夫市集协助生态小农和消费者建立可持续的食物社区，2017 年创办了可持续食物的知识和信息平台"食通社"。
>
> 加拿大的有机农业近 10 年来发展迅猛，有机农田、农民和消费数量迅速攀升。这背后离不开诸多有机小农和消费者组织的推动。
>
> 2012 年 4 月 8 日，来自加拿大的两位学者和农民在"北京有机农夫市集"的分享会上，向人们介绍了加拿大全国各个层面的农民和消费者组织工作。本文由常天乐根据当日斯科特教授和特雷莎在北京有机农夫市集的分享会演讲整理而成。原稿首发于《综合农协》杂志，食通社略有编辑。

跋

读着各位新农人的故事,不知不觉间,我已被这些从朴实真诚的字句中流露的成长经历牵动心弦。这当中有带着泪水的苦,渗满汗水的咸,一点一滴,汇聚成每一位新农人内心那份丰厚历练的甘甜。这一份五味纷陈,也是你此刻的感受吗?

呈现在你面前的二十几个故事各有不同,那些自述和回忆彰显了每个新农人独特的视角和焦点。他们性格各异,各显姿彩,我们或许没能据此整理出一条清晰的"新农人走过的路",但是,如果你也曾在某一条路的入口前徘徊过、忖度过,也有过梦想;又或者,你曾在某一条自己选定的路上奔跑过、挣扎过、怀疑过,也有过回眸一笑的时候……我相信,你在这些故事中找到了很多共鸣和触动。世上的路有很多,人也不少,每一条路的走法都没有标准答案,每个人都需要经历困难,挑战各自的曲折,无论怎样,你都可以欣赏路上的风景。

新农人的路,各有精彩,但有一层底蕴贯穿所有故事,那就是对乡土的牵挂,对农业、作物和环境中生命的好奇,对大地的关怀和拥抱,以及对自然和人之间关系的神圣沉迷和深思。这也是众多新农人经历诸多曲折之后，仍有力气仰首前望的能量源头。凭借这样的能量器，他们从最初的不懂，到思索，探索，向外寻求帮助等，终于克服了大大小小的困难。

细心阅读，你会发现这些新农人都是再普通不过的平常人。他们或是我们的邻家青年，或是附近的一对恩爱夫妻，或是从小被妈妈疼惜的普通孩子，或是一位默默干活的打工人，或是不善言辞却勤快能干的大叔，或是一位豪情爽朗的大姐……他们跟你我差不多，渴望基本生活的饱足、小房子的安稳、家庭的温暖、友情的欢聚和砥砺扶持、爱情的滋润和怀抱，这些都是再普通不过的生活愿望。只是他们心中多了一点点理想主义，多了对乡村、对社会乃至对未来世界的想象。你在其中看到了自己的影子吗？你也许差一点就成了新农人，我们也都有可能成为新农人！当然，我们更有可能成为和新农人站在一起的人：消费者、背包客、观鸟爱好者、开车经过农村的赶路人、摄影爱好者、社会组织的志愿者，等等。

读过这本书，无论你是来自城市的过客、消费者，还是身处农村、为乡村做贡献的人，我们都可以像这些新农人一样，怀着对乡土和自然的热爱，为你能接触到的农民、农村、农业付出一点努力！

新农人期待你的支持，一起上路吧！

孔繁强

乐施会中国项目部

乐施会（香港）北京办事处

助理项目经理——农村发展与气候政策团队

图书在版编目(CIP)数据

重塑田园：乡村振兴战略下的新农人返乡手记/马彦伟主编. — 北京：商务印书馆，2022（2025.8重印）
ISBN 978-7-100-20786-7

Ⅰ.①重… Ⅱ.①马… Ⅲ.①农村－社会主义建设－研究－中国 Ⅳ.①F320.3

中国版本图书馆CIP数据核字（2022）第034298号

权利保留，侵权必究。

重塑田园：乡村振兴战略下的新农人返乡手记
马彦伟 主编

商 务 印 书 馆 出 版
（北京王府井大街36号 邮政编码100710）
商 务 印 书 馆 发 行
雅迪云印(天津)科技有限公司印刷
ISBN 978-7-100-20786-7

| 2022年4月第1版 | 开本 710×1000 1/16 |
| 2025年8月第4次印刷 | 印张 18¼ |

定价：95.00元